PARIS SANS PAIR
BIBLIOTHEQUE
DE
PAUL LACOMBE

OBSERVATION.

L'ouvrage d'art mentionné ci-contre, annoncé chez MM. DEMORAINE, DEBRAY, libraires, et BARADELLE, ingénieur à Paris, est extrait en partie du recueil polytechnique, rédigé par MM. DOUESNEL, fils, ancien directeur de marine, MECHAIN, CARNOD, hommes de lettres, et M. B. A. H*****, architecte entrepreneur, en 1803, 1804 et 1807, dont la cession a été faite à ce dernier depuis cette dernière époque, lequel a déposé les exemplaires à la Bibliothèque impériale, conformément aux lois de l'Empire français.

PLAN DE PARIS,

NOUVEAU,

ET RÉDUIT GÉOMÉTRIQUEMENT,

S'étendant au-delà de ses limites fixées depuis le règne de

NAPOLÉON I.er

Où divers embranchemens des canaux de l'Ourcq et de l'Yvette, avec bassins pour ports et gares, sont cotés et figurés;

ACCOMPAGNÉ,

1.° Des premier et deuxième Plans particuliers de cette même ville, telle qu'elle était cinquante-six ans avant N. S. J. C.;

2.° D'un tableau indicatif servant au renvoi de ses limites, qui ont eu lieu jusqu'à ce jour;

3.° D'un deuxième tableau, servant d'indication des monumens et établissemens publics, tant anciens que nouveaux, formés et projetés dans cette grande ville;

4.° D'un plan de la banlieue de cette même ville, côté de l'ouest, qui s'étend jusqu'au château impérial et royal de Saint-Cloud et ses environs, avec l'ensemble jusqu'à Paris, Sèvre, et la ligne du nouveau pont ordonné en cet endroit par S. M., Neuilly, le pont superbe construit par M. Perronet, les casernes de Courbevoie, Longchamp, le bois de Boulogne, Passi, proche lequel le palais du Roi de Rome est projeté, Auteuil, la maison Latour-Dupin, où est tracé un canal, afin d'éviter à la navigation un contour de trois lieues et le passage de trois ponts;

5.° D'un plan de Saint-Denis, lieu destiné depuis plusieurs siècles à la sépulture des Princes français;

6.° D'un plan ou carte géographique, général et particulier des canaux de l'*Ourcq* à Paris, par Claix, et de Paris à l'*Oise*, par Saint-Denis en France, Pontoise et Conflans Saint-Honorine sur Seine, enfin celui de *Saint-Maure* sur Marne à Gravelle, par Paris, nouvellement exécuté par ordres de S. M.

7.° D'un plan et description de la scie mécanique ou machine pour couper et receper les pieux au fond de l'eau, sans batardeaux ni épuisemens dans les travaux hydrauliques, au moyen de laquelle on économise un tiers dans les dépenses;

8.° D'un plan et description d'un des nouveaux ponts construits à Paris, par ce procédé.

TROISIÈME ÉDITION.

A PARIS,

Chez Demoraine et Debray, Libraires et Marchands de Nouveautés.

1812.

PRÉCIS HISTORIQUE

DES

ACCROISSEMMENTS ET EMBELLISSEMENTS

DE PARIS.

LA ville de Paris, capitale de l'Empire français, ne comprenait dans son origine, suivant les historiens les plus anciens, que l'isle de *la Cité*, qui n'a que 44 arpents, et que l'on nommait *Lutèce*, du temps des Gaulois, 56 ans avant Jésus - Christ.

Cette isle, entourée par *la Seine*, ne contenait en ce temps-là que des baraques de pêcheurs, en forme de tourelles et de guérites; elles étaient bâties en bois, en terre, en paille et en roseaux, isolées les unes des autres, comme elles sont indiquées au plan ci-joint.

Paris est actuellement une des plus grandes, des plus belles, des plus peuplées et des plus commerçantes villes de l'univers.

Elle est maintenant le lieu de la résidence du Gouvernement français.

Suivant les divers historiens qui en ont écrit, c'est depuis l'an 508, sous le roi *Clovis*, qu'on a commencé à y bâtir des maisons, en place des baraques.

L'empereur *Julien* fit construire l'ancienne Eglise de Sainte-Géneviève et Saint-Étienne-du-Mont, maintenant en partie supprimée.

Dagobert fit bâtir, hors des murs, l'Eglise de Saint-Paul, en 640, que l'on a supprimée et démolie en 1794.

L'Abbaye de Saint-Martin fut faite sous *Henri I*, en 1056, où est maintenant le Conservatoire des Arts et Métiers.

Childebert I fit reconstruire Notre-Dame, en 556; cette Eglise paraît avoir été fondée d'abord par Saint-Denis.

Robert dit *le dévot* fit rebâtir la Cathédrale actuelle.

En 1204, *Philipe-Auguste* fit commencer le Château du Louvre, dans un bois qui existait au même endroit où est une petite maison appelée *le Château des Bois*.

Charles V fit augmenter le Louvre, en 1367; *François I* le fit abattre, en 1528, pour commencer ce qu'on appelle aujourd'hui l'ancien Louvre.

Henri II et *Henri III*, le firent continuer par l'abbé de *Clugni*.

Charles IX fit commencer la grande galerie qui unit le Louvre aux Tuileries.

Henri IV fit construire, 1.° le Pont-neuf; 2.° l'Hôpital Saint-Louis; 3.° la Place-Royale, maintenant des Vosges; 4.° celle Dauphine; 5.° la continuation du Louvre, et une infinité de maisons, rues et places qui, en ce temps-là, ont augmenté Paris de moitié, par *Jacques Lemercier*, célèbre architecte.

Louis XIII fit construire le Pont-au-change, celui de Saint-Michel, le pont Marie, ainsi que le Jardin des Plantes, le Luxembourg, le Cours la Reine, Saint-Eustache, la Sorbonne, le Palais-Royal, qui fut d'abord le Palais-Richelieu, ayant premièrement appartenu à ce prince: ce Palais fut construit la première fois, en 1629, par l'architecte *Lemercier*.

Louis XIV fit l'acquisition de ce Palais, en 1643, époque où il a pris le nom de Palais-Royal, et depuis, il a passé à la maison d'Orléans; ce roi établit les Champs-Elysées, Saint-Roch, l'Assomption, les Boulevards, la place Vendôme, celle des Victoires, la Samaritaine, les portes de Saint-Denis et de Saint-Martin, le Pont-Royal (maintenant de la Révolution), vis-à-vis la rue du Bac, celui de la Tournelle, le quai des Tuileries, les Invalides, la rue Richelieu, l'achèvement de la colonnade du Louvre, l'Observatoire, la Manufacture des glaces, celle des Gobelins, la Trésorerie, et enfin une infinité de fort belles choses, que jamais aucun souverain n'a conçues, telles que le château de Versailles et le canal du Languedoc, &c., &c.

Louis XV a fait bâtir l'Hôtel des monnoies, par M. *Antoine*, architecte; la nouvelle Eglise de Sainte-Géneviève, maintenant le Panthéon, par M. *Souflot*; l'Ecole de Médecine et de Chirurgie; l'Eglise de Saint-Sulpice, par *Servandoni*, fameux architecte; le superbe pont de Neuilli, par le célèbre *Perronnet*, premier ingénieur de France; l'Ecole militaire; la Manufacture de Sève; la Savonnerie; la Halle aux bleds, dont la superpe coupole, construite en bois de charpente et de menuiserie vitrée, suivant les plans et dessins de l'architecte *Delorme*, laquelle a été incendiée en 1804, et qui doit être rétablie en fer, sur les mêmes dessins; la fontaine de Grenelle; les colonnades et la place Louis XV, maintenant de la Concorde.

Louis XVI a fait bâtir la Comédie française et la Comédie italienne; il a fait achever l'Ecole de Médecine et de Chirurgie; continuer l'Eglie de Sainte-Géneviève, le Palais de Justice, la place et les bâtiments qui environnent ce monument, la rue régulière qui conduit du Pont-au-Change à celui de Saint-Michel, les Capucins de la chaussée d'Antin, où est maintenant le Lycée Bonaparte; l'Hôspice de la Maternité et celui des Vénériens, en place de la Bourbe et des Capucins du faubourg Saint-Jacques, qui furent transférés rue Sainte-Croix, Chaussée d'Antin, en 1786; les casernes du Temple, de Babilone et de la rue Verte; le quai de Gèvre.

Il a fait supprimer, 1.° les maisons du Charnier des Innocents, pour former la belle place et la fontaine de ce nom; 2.° les maisons de dessus les ponts Marie, au Change et Notre-Dame, puis il a fait restaurer ces mêmes ponts; il a fait établir les Boulevards neufs du pourtour des murs de Paris, pendant les années 1786, 87 et 88; l'Eglise du Roule, et commencer celle de la Magdeleine, où l'on fait maintenant le temple de la Gloire, ordonné par S. M. Napoléon I.

Enfin, il a fait bâtir par les célèbres *Perronet* et *Dumoutier* ingénieurs, *Proni* inspecteur et *Provot* entrepreneur, le pont Louis XVI, auquel on a substitué le nom de la Concorde, vis-à-vis le palais Bourbon, maintenant du Corps

Législatif; ainsi que la neuvième clôture de Paris, et les bâtiments pour les Bureaux des préposés aux barrières, pour les droits d'entrée.

Sous NAPOLÉON *premier.*

On continue les démolitions ordonnées par arrêt du Conseil d'Etat, en date de 1783, nécessaires aux divers percements des rues, à la formation des places et autres voies publiques, que la salubrité des habitants et la célérité du commerce réclamaient depuis long-temps.

Les ponts des Arts, de la Cité, d'Austerlitz, d'Iéna, attestent aux Français la bienveillance de leur Souverain; on a construit le quai Napoléon, réclamé depuis long-temps pour communiquer du pont de Notre-Dame à l'isle Saint-Louis, par le ci-devant port Saint-Landri et le pont de la Cité, bâti en place du pont Rouge, qui avait été supprimé en 1789, et un échaudoir ou tuerie pour les bouchers.

Le cloître Notre-Dame a été augmenté, on a formé la place de Fénelon, en la Cité, le Carrousel a été agrandi de manière à le disputer à la belle place de Vénise.

On achève le Louvre; la colonne triomphale de la place Vendôme; celle de la place du Châtelet, vis-à-vis le pont au Change; le quai Dessaix, entre le pont au Change et celui de Notre-Dame; le quai Morland, au long de l'Arsenal, jusqu'au pont d'Austerlitz, vis-à-vis le Jardin des plantes; le pont d'Iéna, vis-à-vis le Champ-de-Mars; l'arc de triomphe du Carrousel, celui de l'Etoile de Chaillot, au haut de la grande avenue des Champs Elysées; la route du pont d'Iéna à celui de Neuilli, en ligne directe, jusqu'à l'Ecole Militaire; le nouveau portail de l'Hôtel-Dieu; le nouveau quai qui doit faire le pourtour de la Cité et de l'Archevêché; le beau et vaste marché des Jacobins, pour suppléer à celui qui, toute l'année, embarrassait le passage de la rue de la Sourdière, dans le même quartier, l'un des plus peuplés de la ville; la rue Impériale, du Louvre au Carrousel, qui doit maintenant ne plus faire qu'un seul et même édifice avec les Tuileries (ladite rue doit aussi se continuer, à-travers le Louvre, jusqu'à la barrière du faubourg Saint-Antoine); la rue de Rivoli, de la place Louis XV au Carrousel, passant le long de la terrasse des Feuillants, avec des bâtiments et galeries réguliers dans toute sa longueur, qui doit se prolonger jusqu'à la rue de la Monnoie, vis-à-vis le Pont-Neuf: tout au long de ladite terrasse, côté du jardin, est un mur d'appui, en pierres de taille, surmonté d'une superbe grille en fer, avec flèches dorées.

La rue Napoléon, de la place Vendôme au boulevard des Capucines, la chaussée d'Antin, celles de Castéglione, de Mont-Tabor, des Pyrennées, de Clotilde (quartier des Tuileries); celle du pont de Lodi, près le pont Neuf, avec un nouveau marché sur l'emplacement des ci-devant Grands-Augustins; les casernes Napoléon, près le pont Royal; la restauration du palais et du jardin du Luxembourg, par *Charlgrin*, et celle des Tuileries, par *Fontaine* et *Peyre*; la suppression de la totalité des bâtiments de l'ancien Séminaire de Saint-Sulpice, et la formation d'une superbe place avec une fontaine, aussi nécessaire que desirée depuis long-temps; la suppression du Châtelet, utile à la grande circulation des affaires par le pont au Change et la rue Saint-Denis; les superbes égoûts et aqueducs des rues de Rivoli et de Saint-Denis, conformément au plan conçu en 1787, par M. *Lefèvre des Nouettes*, ingénieur et directeur du canal de l'Yvette, commencé à cette même époque, d'après les idées de M. *Gauthais* inspecteur général de ponts et chaussées; l'établissement de quinze nouvelles fontaines, sur les dessins et plans de divers architectes de mérite, lesquelles ont chacune un bassin disposé à former en tous temps un réservoir d'eau, en cas d'incendie ou de sécheresse; enfin, le canal de l'Ourcq et celui de l'Yvette: le premier, presque entièrement exécuté, va produire des eaux à Paris, non seulement pour les besoins journaliers de ses habitants, mais encore pour le nétoiement des rues et égoûts de toute la partie du nord, et alimentera des canaux avec bassins nécessaires à la salubrité et au commerce général de cette vaste cité; l'autre, figuré aux plan et cartes ci-joints, et que les eaux de celui de l'Ourcq doit également alimenter, passera à Saint-Denis et ira joindre la Seine, à l'embouchure de l'Oise, par l'étang de Mont-Morenci et le bois de Pierrelais; ledit canal abrégera de plus de huit jours la navigation des bateaux sur ces deux rivières, ainsi que sur celle de l'Escaut, par le canal de Saint-Quentin.

Enfin, avant la révolution de 1789, Paris était le siége et la résidence des Ministres, d'un Parlement, d'une Chambre des comptes, d'une Cour des aides et des monnoies, d'un Bureau des finances, d'une Chambre des bâtiments, composée de soixante architectes, experts jurés, et entrepreneurs (elle jugeait tout ce qui avait rapport aux nouvelles constructions de maisons et autres édifices, tant publics que particuliers; &c., &c. Il serait à desirer qu'on établît de pareils tribunaux dans chaque département.

Les auteurs ne sont point d'accord sur l'origine du nom de cette ville, ni de sa fondation.

Plusieurs disent que *Samothès*, qui vivait du temps de *Noé*, en jeta les premiers fondements. D'autres assurent que ce fut un *Pâris*, dix-septième roi des Gaules, et successeur de *Romuse*.

Eusèbe croit qu'elle est beaucoup plus ancienne que Rome. *Jules César*, dans ses Commentaires, parle de *Paris*, et *Julien l'apostat* s'y arrêta long-temps, en 358. D'autres prétendent qu'après le sac de leur ville, les Troyens étant passés dans les Gaules, y bâtirent cette ville, et lui donnèrent le nom de *Pâris*, fils de *Priam*. Il en est qui pensent que ce fut *Lucus*, huitième roi des anciens Gaulois.

Il paraît que l'usage des Gaulois était d'écrire fort peu, et qu'ils s'en rapportaient seulement à leur mémoire. Selon l'histoire de ces temps reculés, ils faisaient partie d'un grand peuple appelé *Sénonois*, qui avait eu part aux expéditions qui eurent lieu en Italie, 350 ans avant Jésus-Christ.

Des auteurs disent que le nom de *Paris* vient d'un mot grec, qui signifie hardiesse ou liberté de parler sans flatterie, et ils observent que ce genre d'esprit se trouve ordinairement dans les Parisiens. D'autres rapportent que les marais qui étaient près de cette ville la rendaient boueuse, et qu'on lui donna le nom de *Lutétia*, tiré de *Lutum*, qui signifie boue.

Tristan croit que le nom de *Paris* a été formé de *Paria Isis*, parce qu'on y adorait Isis. Il est certain que cette Déesse y a été honorée. Plusieurs prétendent que c'est du même mot *Isis* que viennent encore beaucoup de noms des lieux des environs de *Paris*, comme Issi (1), Laï, Atis, &c.

---

(1) Avant 1789, il y avait au bourg d'Issi, près Vaugirard le Paris, une superbe chapelle dédiée à Notre-Dame de Lorette, attenant à la maison des Missionnaires de Saint-Sulpice, où l'on sacrait des Évêques.

Enfin, il en est qui prétendent que *Paris*, dans son origine, était nommé *Lutéce* par les Gaulois, et *la Capitale du Peuple Parisien*.

Elle ne comptait en superficie, comme il est dit plus haut, que quarante-quatre arpents : c'est ce qu'on appelle maintenant la Cité. Ce lieu était entouré alors de bois, de marais, de prés et de vignes qui tous ne formaient qu'une même contrée avec les bois de Boulogne et de Vincène (figurés au plan ci-joint), et ne faisaient qu'une seule forêt.

Les Romains la conquirent vers l'an du monde 3998, 56 ans avant Jésus-Christ; *Comulogène* en était Gouverneur.

PARIS COMPARÉ A LONDRES,

Ou Note réitérée à ce sujet.

Paris est situé à 20 degrés de longitude orientale, et à 48 degrés 50 minutes 10 secondes de latitude septentrionale; son climat est sain et tempéré; les eaux que l'on boit le plus généralement à Paris sont l'eau de la Seine et l'eau d'Arcueil; celle de la Seine est meilleure, malgré la préférence que quelques personnes accordent à la seconde; en traitant l'eau de la Seine avec celles de l'Yvette (rivière qui prend sa source entre Chartres et Versailles, près le bourg des Essarts-le-Roi), d'Arcueil et de la Ville-d'Avray, on a reconnu que chacune contenait de matière étrangère, par pinte, savoir :

Eau de la Seine	5	degrés	29/53.
— de l'Yvette, ...	7	—	13/53.
— d'Arcueil, ...	7	—	7/18.
— de la Ville-d'Avray,	9	—	23/49.

Paris a près de sept lieues de tour; il est arrosé par la Seine, qui le divise en deux parties à-peu-près égales, l'une au nord et l'autre au midi. Dix-neuf ponts établissent la communication entre ces deux parties. Sa population est aujourd'hui de 5 à 600,000 habitants environ; en temps de paix, elle s'accroît ordinairement de 200 à 300,000 étrangers ou habitants des départements. A Londres, elle est de 800,000 habitants.

Le commerce de Paris est immense. Cette ville est l'entrepôt des productions des quatre parties du monde; la banque a des relations avec toutes les places de commerce. Les manufactures sont très-multipliées à Paris; aucun genre d'industrie n'est étranger à cette ville.

Les personnes qui voudront avoir une idée de l'industrie et du commerce de Paris, parcourront avec intérêt les rues Saint-Antoine, Saint-Martin, Saint-Denis, de la Verrerie, des Lombards, de la Féronnerie, Saint-Honoré, de Richelieu, Vivienne, Thionville, de Bussi, du Four, du Bac, les quais de Voltaire, des Morfondus, le Palais-Royal, les passages du Panorama et du Caire; enfin, tous les boulevards du nord. Elles verront par-tout du mouvement, de l'activité, des produits de toute espèce offerts à leurs besoins, à leurs plaisirs, à leur luxe, depuis les objets de première nécessité, jusqu'aux chefs d'œuvres qui trouveront leur place dans les palais des souverains.

La topographie de Paris, comparée à celle de Londres, peut offrir, entre ces deux villes, qui rivalisent de commerce et d'industrie, des rapprochements qui méritent d'être remarqués. Paris est dominé au nord par la commune de Montmartre, comme Londres l'est par la commune de Pentonville; la Seine, à Paris, comme la Tamise, à Londres, divise la ville en deux parties égales; ces deux rivières forment chacune un arc dans l'étendue de la ville. Bientôt Paris, comme Londres, aura une seconde rivière l'Ourcq et l'Yvette, auxquelles on doit joindre l'Orge, la Juine, l'Essonne et la Bièvre, pour faire, au midi de cette grande ville, un canal qui sera le pendant de celui de l'Ourcq, ainsi qu'il est figuré au plan ci-joint.

Les palais du Gouvernement occupent à-peu-près la même position et le même espace de terrein : la basilique de Notre-Dame est au centre de Paris, comme la cathédrale de Saint-Pol est au centre de Londres. Paris a trente mille maisons, cinq cents beaux hôtels, dix-huit palais, et cinquante édifices ou monuments publics remarquables; Londres, cent soixante-trois mille maisons. Paris, dix-neuf ponts, dont quinze en pierres, deux en fer et deux en bois; Londres, trois ponts en pierres et en fer. Paris, treize cent vingt-trois rues, ruelles, passages ou culs-de-sac; Londres, huit mille cent quatre-vingt onze. Paris, soixante paroisses ou églises succursales; Londres, cent quatorze. Paris, six temples ou chapelles servant aux différents cultes; Londres, trois cent quatre-vingt-quinze. Paris, vingt-deux hôpitaux, dont un d'invalides; Londres, vingt-cinq. Paris, treize bibliothèques publiques; Londres, dix. Paris, vingt lycées, écoles spéciales et colléges; Londres, cinq. Paris, cent vingt corps d'arts et métiers; Londres, soixante-deux. Paris, soixante-quinze places; Londres, soixante-quatre. Paris, quarante marchés, huit halles; Londres, trente-cinq. Paris, huit théâtres; Londres, cinq. Paris, quinze jardins publics, quinze boulevards, douze avenues; Londres, trente-six. Paris, trois mille cafés; Londres, sept cent quarante-huit. Paris, deux mille restaurateurs; Londres, huit cents tavernes. Paris, treize cent cinquante marchands de vin; Londres, huit mille cabarets. Paris, huit prisons ou maisons de correction; Londres, vingt-une. Paris, trois mille fiacres, deux mille cabriolets; Londres, mille fiacres et quatre cents chaises à porteur. Paris, une poste générale et deux cent quinze petits bureaux; Londres, une poste générale et six cents petits bureaux. Paris, douze ports, cinquante-six portes ou barrières, quarante-deux quais, soixante-dix-sept fontaines publiques, quarante-deux corps-de-garde de pompiers et vingt-quatre dépôts d'eau pour les incendies, dont le service journalier est fait par cent vingt-six hommes. Les Juifs, à Paris comme à Londres, sont au nombre de douze mille, et occupent un quartier particulier, le quartier Beaubourg et le Marais. Paris a seize faubourgs, et cette ville est éclairée par quatre mille cinq cents réverbères. L'administration militaire est confiée à un gouverneur qui a un état-major-général. L'adminstration civile est composée du préfet, du conseil de préfecture et d'un conseil-général. La commune est divisée en douze municipalités; chacune d'elles est composée de quatre divisions ou sections formant un canton de justice de paix. La police est confiée à un préfet qui a sous ses ordres des commissaires distribués dans chaque division.

Enfin, Paris est maintenant le point central de la Politique de toute l'Europe; c'est de ce lieu que correspondent tous les principaux agents des divers Gouvernements des quatres parties du monde.

TABLEAU des divers accroissements, et clôtures de Paris.

La première clôture de cette ville fut faite sous *Jules César*, 56 ans avant Jésus-Christ, elle contenait, ci	44	arpents
La deuxième, sous l'empereur *Julien*, en 358, ci	113	*idem.*
La troisième, sous *Philippe Auguste*, en 1190, ci	730	*idem.*
La quatrième, sous les rois *Charles V* et *VI*, en 1369, ci . .	1284	*idem.*
La cinquième, sous *François I* et *Henri II*, en 1553, ci . . .	1414	*idem.*
La sixième, sous *Henri IV*, en 1634, ci	1660	*idem.*
La septième, sous *Louis XIV*, en 1571, ci	3228	*idem.*
La huitième, sous *Louis XV*, en 1717, ci	3910	*idem.*
La neuvième, sous *Louis XVI*, en 1785, ci	9910	*idem.*
La dixième projetée en 1804, sous *Napoléon I*, suivant les quatre lignes ponctuées et lavées en rouge au plan ci-joint, ci . . .	10717	*idem.*

DISCUSSION

Entre le Pont Neuf et celui des Arts, contruits à Paris, sur la Seine.

LE PONT-NEUF.

Air *des Trembleurs.*

Du plus loin qu'on se souvienne
Je domine sur la Seine;
Et je souffrirais sans peine
Que l'on usurpât mes droits!
Non, non; à ce téméraire
Je ferai sentir, j'espère,
Tout le poids de ma colère,
Si je m'y mets une fois!

LE PONT DES ARTS.

Air *de la Raison.*

Comme l'Anglais vouloir régner sur l'onde,
C'est avoir de folles prétentions,
Car le soleil brille pour tout le monde,
Et l'eau, je crois, coule pour tous les ponts.

LE PONT-NEUF.

Air *de la Fanfare.*

Crois-moi: si tu n'y prends garde,
Quand la débâcle viendra,
Crains de descendre la garde
Tout comme un pont d'opéra;
Le beau plancher qui te couvre,
Se détachant tout-à-coup,
On verrait le pont du Louvre
Dans les filets de Saint-Cloud,

LE PONT DES ARTS.

Air *de Nenny.*

En vous je croyais, confrère,
Voir un pont bien élevé;
Mais vous prouvez le contraire
Par ce ton peu réservé:
Aussi, plus je vous regarde,
Et moins je dois trouver neuf
Un propos de corps-de-garde
Dans la bouche du Pont-Neuf.

LE PONT-NEUF.

Air: *Femme voulez-vous éprouver.*

Non, de sages entrepreneurs
N'auraient consulté que l'utile;
C'est à d'âpres spéculateurs
Qu'on doit ta présence inutile;
Sur les produits fondant leur gain,
Ces messieurs nous en font accroire:
En tous cas, s'ils meurent faim,
Ils auront du moins de quoi boire.

LE PONT DES ARTS.

Air *de la Croisée.*

A l'extrême solidité
Je joins la grace et l'élégance;
Chaque jour mon utilité
Me vaut sur vous la préférence;

J'en conclus que le pont de fer,
Quoique l'on dise et quoiqu'on fasse,
Aux Parisiens sera cher.

LE PONT-NEUF.

Oui, par le droit de passe.

LE PONT-NEUF.

Air *du Jokei*

Depuis plus d'un siècle à Paris
Ma réputation est faite;
Mon nom même, dans tous pays,
De bouche en bouche se répète.

LE PONT DES ARTS.

D'accord, vous êtes en crédit;
On peut bien, je le crois sans peine,
Dans le monde faire du bruit,
Quand on a la Samaritaine.

LE PONT-NEUF.

Air *Trouvez-vous un Parlement.*

Par un antique monument,
Dont le nom ajoute à ma gloire,
J'ai d'un roi juste et bienfaisant,
Long-temps consacré la mémoire.
Sans une horde de brigands,
Dont le système était d'abattre,
J'offrirais encor aux passants
Le portrait du grand *Henri-quatre.*

LE PONT DES ARTS.

Air *Ce Magistrat, &c.* (de M. Guillep).

Je rends justice à la vaillance
Du roi qu'ici tu fais valoir;
Mais d'un héros cher à la France
Je puis aussi me prévaloir.
Si ses exploits vont d'âge en âge
Jusques à la posérité,
Donc je dois, étant son ouvrage,
Prétendre à l'immortalité.

CLONCLUSION DU PONT DES ARTS, *par* B. H.

Air: *Faut attendre avec patience,*
ou
Quand pourrai-je vivre au village.

J'en appelle à l'expérience,
C'est elle qui nous jugera;
Si l'un de nous croule, je pense
Que Paris s'en appercevra.
Mais, jusques-là, tenez-moi quitte;
Payez en passant; c'est le cas.....
Je tremble......? n'allez pas plus vîte:
Tout ce qui tremble ne choit pas.

L'AUTEUR A SES CONFRÈRES.

Air *du petit Matelot.*

En vous établissant arbitres
Entre mes deux ponts concurrents,
Amis, je vous soumets leurs titres;
Mettez fin à leurs différents.
Sachez qu'il faut du caractère
Pour bien prononcer, car, morbleu!
Ici ce n'est point une affaire
Où l'on puisse prendre un milieu.

P. S. Le pont des Arts est placé vis-à-vis le palais du Louvre et celui des Arts, ci-devant des quatre Nations ou du Cardinal Mazarin: il a été construit, suivant les plans de M. *De Cessars*, inspecteur général des ponts et chaussées; M. *Provôt* en était l'entrepreneur, sous la direction de MM. *Demoustier*, *Dilon* et *Béquet*, ingénieurs. Les piles et culées sont en pierres, bâties dans des caissons, sur pilotis récepés avec la scie méçanique, sans batardeau ni épuisement, et le cintre des arches est en fer coulé. Il a été fini en 1805, et il a coûté 1,900,000 francs.

Les actionnaires avaient affermé les deux côtés du dessus dudit pont à un jardinier fleuriste, qui y fit construire des serres chaudes pour des fleures et orangers qu'il plaçait dans toute la longeur du pont, avec des chaises. Un concours de jolies dames et de messieurs venaient ensemble se promener le soir dans ce jardin artificiel, et respirer le serin, pour chacun un sou; mais l'air n'étant pas salutaire aux fleurs du jardinier, il les retira, et depuis tout a disparu.

PONTS DE PARIS,

OU

NOTE HISTORIQUE SUR LEUR CONSTRUCTION.

QUELQUE recherche que nous ayons faite sur l'antiquité des ponts de Paris, nous ne trouvons pas la date des premiers construits, nous voyons seulement qu'au tems du séjour que fit à *Lutèce* l'Empereur *Julien*, en 356 et 357, il n'y avait que deux ponts en bois, placés où sont aujourd'hui le Pont-au-Change et le Petit-Pont, à l'endroit indiqué et coté 1 et 3, au plan ci-joint.

Pont-au-Change, dit *le Grand-Pont*. Ce pont fut construit en bois, sous *Charles le Chauve*, en 861. Il fut successivement détruit et rebâti. C'est en 1565 que le Roi ordonna, par lettres-patentes, de le construire en pierre, et qu'il chargea la chambre des comptes de donner les soins nécessaires pour l'entreprise et la perfection de cet ouvrage. Un peu au-dessous de ce pont, il en existait un autre, qui ne servait, comme de décharge, qu'aux gens pied, et s'appelait *le Pont-aux-Meuniers*, parce qu'il ne consistait qu'en moulins à eau, habités par des meuniers. Quelqu'un le désignait sous le nom de *Pont-aux-Colombes*, à cause que l'on y vendait des pigeons. (Coté 1, au plan ci-joint.)

Félibien rapporte qu'en 1281, il n'existait encore que deux ponts dans cette ville, construits en bois, et qu'ils furent emportés tous deux, le premier janvier de cette même année, par une crue extraordinaire de la Seine, et qu'en 1296, le même événement se renouvela, malgré que ces ponts fussent en pierre. Il paraît qu'on les refit encore en bois, après ces événemens; mais il est certain qu'on ne prenait pas assez de précautions pour la solidité de ces ponts, tant en bois qu'en pierre, puisque leur histoire présente plusieurs fois leur destruction, soit par les grandes eaux, soit par les glaces, et cependant on faisait bâtir dessus des maisons très-élevées, dont les habitans délogeaient à l'approche des dégels, et ce n'est que sur la fin du dix-huitième siècle, que l'on a eu, enfin, la raison assez éclairée pour débarrasser les ponts et les quais de ces habitations mal-saines en elles-mêmes, et qui gênaient la circulation de l'air dans l'intérieur de Paris.

En 1595, *le Pont-aux-Meuniers* fut emporté par les grandes eaux, et refait sous le nom de *Pont-aux-Marchands*, par Charles Marchand, qui obtint des lettres-patentes, au mois de janvier 1598, par lesquelles il lui fut permis de le rebâtir à ses frais, et à l'alignement de la rue de Saint-Denis, vis-à-vis de l'arche du Grand-Châtelet, qui a été démoli en 1803, où l'on a, depuis, formé une place au milieu de laquelle est une colonne avec un bassin tout autour. Il fut ordonné au prévôt des marchands de fournir à l'entrepreneur une place commode dans l'Arsenal de la ville, pour lui servir de magasin et d'atelier.

Ce nouveau pont avait une rue large de 18 pieds, bordée, de chaque côté, de maisons en charpente, à deux étages, de 24 pieds ou 8 mètres environ de profondeur, de chaque côté, qui fait plus de 60 pieds, ou 20 mètres qu'il a de large actuellement. La rue était traversée de tirants qui passaient de chaque maison à celle opposée, afin de leur donner une plus grande solidité.

Elles étaient toutes semblables, peintes à l'huile, et ayant chacune pour enseigne un oiseau : ce qui fit nommer ce pont, *le Pont-aux-Oiseaux*, en dépit des lettres-patentes qui l'avaient intitulé *le Pont-aux-Marchands*. Il fut achevé en 1609. En 1621, le feu y prit, et gagnant le grand pont, les consuma tous deux en peu d'heures. On commença ensuite un autre pont de bois, vis-à-vis de la Vallée de Misère, maintenant nommée quai de la Vallée, ou des Augustins; mais, en 1639, le roi Louis XIII permit de bâtir un pont de pierre au même endroit, c'est *le Pont-au-Change*, que nous voyons aujourd'hui. Ainsi les deux ponts n'en firent plus qu'un : il fut achevé en 1647, sous la minorité de Louis XIV, et la régence de la reine *Anne d'Autriche*, sa mère. On le trouva si solide, qu'on éleva dessus deux rangs de maisons à quatre étages, qui n'ont été démolies qu'en 1786, par ordre du Roi.

Le Petit-Pont, le second de Paris, pour l'ancienneté, n'était qu'en bois. Il fut entraîné par les grandes eaux, en 886. Il fut rebâti et détruit par la même cause, en 1195; refait de nouveau, et détruit en 1206. Ce fut l'évêque *Maurice* qui le fit construire en pierre, et, dans ce tems-là, il y avait des moulins dessous, et des maisons dessus : les moulins et les maisons furent également emportés par les eaux; reconstruits et détruits, à différentes époques, vers la fin du quatorzième siècle. Enfin, pour la huitième fois, il fut détruit, le 27 avril 1718, et reconstruit, sans maison dessus, en 1719, tel qu'on le voit aujourd'hui, coté 3.

Le Pont-Saint-Michel, bâti à l'endroit coté 2, au plan de Paris ci-joint, fut commencé en 1378, et ne put être fini qu'en 1387, sous le règne de *Charles VI*. On lui donna d'abord le nom *de Pont-Neuf*; mais la dévotion du Roi pour Saint-Michel, lui fit donner le nom de cet Archange. L'hiver extraordinaire de 1408, qui dura depuis la Saint-Martin, jusqu'à la fin de janvier de l'année suivante, fut funeste à tous les ponts de Paris. Lorsque le dégel arriva, des glaçons d'une grandeur énorme se détachant tout-à-coup, allèrent heurter avec impétuosité le Pont-Saint-Michel, qui était de pierre, et celui de bois, qui joignait le Petit-Châtelet, et les abattirent tous deux, avec les maisons qui étaient dessus. Il fut question, peu-après, des les reconstruire; l'ouvrage fut commencé, et bientôt abandonné, faute d'argent. On ne trouve pas l'époque où ils furent définitivement reconstruits; mais l'on voit que, le 10 décembre 1547, le pont Saint-Michel tomba de nouveau, et fut reconstruit de suite, en bois : il dura jusqu'en 1616, que la violence des glaces emporta le côté qui regardait le Petit-Pont, et l'autre moitié tomba, au mois de juillet suivant. Alors, on le construisit en pierre, tel qu'on le voit aujourd'hui. En 1808 et 1809, *Napoléon I.* a fait démolir les maisons qui masquaient les quais, empêchaient la circulation de l'air, dans ces quartiers peu aérés.

Pont-Notre-Dame. Ce pont est situé à l'endroit coté 6, au plan ci-joint; il fut construit en bois, vers l'an 1413, le prévôt des marchands et les échevins de Paris obtinrent la permission du Roi de bâtir des maisons dessus, aux conditions qu'ils entretiendraient ledit pont en bon état.

On accorda aux entrepreneurs une retenue sur les droits et bénéfices des subsides de la ville, qui rapportaient plus de 36,000 fr. d'or en ce tems-là.

En 1499, le pont s'écroula avec les soixante-cinq maisons qui étaient dessus. On le jugeait tellement nécessaire au commerce des habitans, que l'on commença dès la même année à le rétablir, mais en pierre, et, à cet effet, il fut accordé à la ville de prélever, pendant six ans, 6 den. pour liv. sur le bétail à pied fourchu, et sur le poisson de mer, qui seraient vendus à Paris. Le pont fut achevé en 1507. Les travaux furent conduits par un religieux cordelier véronais, nommé *Jean Joconde*, habile architecte, qui avait déjà bâti le Petit-Pont.

Pont-Neuf. Ce fut le 31 mai 1578, que le roi *Henri III* posa la première pierre de ce pont à douze arches; il communique du quai des Augustins, à celui de l'Ecole, ou du Louvre. Ce grand ouvrage fut entrepris sur les plans et dessins de *Jacques Audouet du Cerceau*, fameux architecte, qui aima mieux sortir du Royaume, que de renoncer au calvinisme. (Il est situé à l'endroit coté 13.)

Ce pont ne fut achevé qu'en 1604, par les soins d'*Henri IV.* Ce prince fit ouvrir la rue de la Monnaie, et des Proverbes, vis-à-vis de Saint-Eustache, la rue Dauphine, aujourd'hui rue Thionville, sur une partie du terrain des Augustins, et sur les ruines de l'ancien collége Saint-Denis. Il fit travailler en même-tems aux galeries du Louvre, qui furent achevées, et à la place Dauphine, qui est à la pointe occidentale du Palais (place où est aujourd'hui un monument en l'honneur du général *Desaix*, avec une fontaine). Il fit encore rebâtir une partie de *l'Hôtel-Dieu*, et commença la place Royale, aujourd'hui nommée place des Vosges, où était la statue en bronze de *Louis XIII*, à cheval, laquelle a été détruite en 1792, pendant la révolution.

Le monument que l'on érigea à la gloire d'*Henri IV*, et que la révolution a fait détruire, fut placé sur *le Pont-Neuf*, en 1614. La statue, en bronze, était l'ouvrage de *Dupré*; et *Cosme II*, grand duc de Toscane, fit présent du cheval, qui était de *Jean Bologna* : les esclaves attachés au quatre coins du piédestal, furent faits par *Pierre Francheville.* En 1810, *Napoléon I.* a ordonné qu'une colonne triomphale fût établie sur cette même place.

Pont-Marie, *Pont de la Tournelle et Pont-Rouge.* L'emplacement de ces trois ponts est coté 9, 10 et 11, au plan ci-joint. Ils communiquent tous les trois à l'Isle-Saint-Louis, qui formait deux isles autrefois, sur l'une desquelles a été bâtie l'église de ce nom, en 1637, que l'on voit aujourd'hui. Les glaces emportèrent le *Pont de la Tournelle*, et ce ne fut qu'en 1654 que l'on résolut de le refaire en pierre. Le distique gravé sur une table de marbre posée entre les arcades de ce pont, du côté de l'isle, nous apprend qu'il fut bâti en 1556, par les soins du prévôt des marchands et des échevins de la ville.

La nuit du 28 février 1658, une partie du *Pont-Marie* et des maisons bâties dessus s'écroulèrent; cet accident fût occasionné par un débordement de la Seine, qui avait déjà fait périr plusieurs bateaux chargés de marchandises, et même emporté des quais et des maisons entières.

Le 17 mars 1659, le Roi ordonna que le pont serait rebâti sans maison dessus la partie qui fut construite à neuf, avec un droit de péage, qu'il accorda pendant dix ans pour les frais. En 1786, on a supprimé et démoli le restant des maisons qui étaient sur ce même pont, et on a baissé toute la superficie du milieu; refait à neuf des trottoirs, les murs d'appui ou parapets de chaque côté;

enfin, on a réparé ledit pont en sa totalité, et on lui a donné une pente bien plus facile pour les voitures qui passent dessus.

Pont de la Cité, situé à l'endroit coté 9, au plan ci-joint, remplaçant le *Pont-Rouge* qui était bâti en bois, sur des pieux fichés dans l'eau, çà et là, tous d'une manière informe, sans plan ni dessin régulier. Il avait environ 5 pieds de large; il était peint en rouge, et situé presque à l'angle du quai Bourbon, de 25 à 30 mètres plus bas que le *Pont de la Cité*, qui actuellement le remplace.

En 1634, *le Pont-Rouge* fut presque dédruit par le passage de la procession générale, qui fut ordonnée à Paris à l'occasion du Jubilé qui eut lieu le 5 juin, de l'Eglise cathédrale à celle des grands Augustins. Comme les paroisses devaient se rendre de bonne heure à Notre-Dame, il arriva que trois paroisses s'empressant de passer à-la-fois sur ce pont, firent une si grande foule, qu'il y eut deux balustrades du pont, du côté de l'Hôtel-de-Ville, qui furent rompues, et le pont entier fut sur le point d'être ruiné; plusieurs des passans, effrayés du brisement des balustrades, et croyant que le pont fondait déjà sous eux, se précipitèrent à l'eau, d'autres y tombèrent par l'ouverture des balustrades, d'autres, enfin, furent étouffés ou écrasés par la multitude, qui augmenta le désastre.

Ce pont fut détruit en 1710, et on n'a recommencé à le rebâtir qu'en 1717, moyennant un péage accordé pour 15 ans. Il fut démoli en 1789, par ordre des officiers municipaux de la maison commune de Paris. Une compagnie, autorisée par le Gouvernement, sous *Napoléon*, l'a reconstruit, sous le nom de *la Cité*, en 1803. C'est la même compagnie qui a entrepris le *Pont-des-Arts*, et celui d'*Austerlitz*, moyennant un droit de péage qui lui a été accordé pendant 25 ans, en raison de cinq centimes par personne, et de vingt-cinq par cheval.

Ce pont est maintenant construit en bois et en fer, avec revêtissement en cuivre, sur le dessin de M. *Gauthey*, inspecteur général des ponts et chaussées. C'est M. *Dumoustier* qui en a été l'ingénieur en chef; *Gignoun*, charpentier entrepreneur, et *Duvivier*, ingénieur ordinaire.

Pont-au-Double, ou *de l'Hôtel-Dieu*, coté 4, au plan ci-joint. En 1634, les administrateurs ayant, moyennant un péage, fait bâtir le pont qui porte le nom de cet hospice, obtinrent, pour l'utilité publique, d'en ouvrir le passage pour les gens à pied et à cheval. *Louis XIII* leur accorda cette permission, et doubla ce péage; c'est pourquoi on le nomme aujourd'hui *Pont-au-Double*.

Pont-Royal, nommé en 1789, *Pont-National*, et ensuite *Pont de la Révolution*, vis-à-vis la rue du Bac et des Tuileries, fut, vers l'an 1656, brûlé, ainsi qu'une machine que l'ingénieur *Joly* avait dressée à côté, pour l'élévation des eaux de la rivière. On proposa de le rebâtir en pierre, au moyen d'une loterie, dont les bases furent arrêtées, mais qui ne furent pas remplies, et le pont ne fut refait qu'en bois. Il paraît qu'on le peignit en rouge, car on remarque que le *Pont-Rouge*, des Tuileries, fut emporté par les grandes eaux, le 20 février 1684. Le Roi résolut aussitôt de le rétablir en pierre; on en posa les fondemens, le 25 octobre 1685, et l'ouvrage fut achevé promptement. Il est coté 15.

Ce beau pont, dont la solidité promet une longue durée, fut alors appelé *Pont-Royal*. Sa longueur est d'environ 72 toises, ou 143 mètres, et 8 toises de large, ou 15 mètres 750 millimètres, y compris deux trottoirs, de chacun 4 pieds 6 pouces. Il a cinq arches ou arcades C'est l'architecte *Hardouin*, surnommé *Mansard*, qui en a fait les plan et devis.

PONT LOUIS XVI, MAINTENANT DE LA CONCORDE,

Le plus beau, le plus élégant et le plus solidement construit de tous les Ponts de Paris.

Ce pont est situé à l'endroit figuré et coté 16, au plan ci-joint, vis-à-vis de la place Louis XV, actuellement de la Concorde, et du Palais Bourbon, présentement du Corps Législatif. Il fut commencé en 1787, sous le règne de *Louis XVI*, dont il portait le nom, et fut achevé en 1791; il fut construit d'après les dessins du célèbre Perronet, premier ingénieur de France. Les travaux furent entièrement dirigés par M. Dumoustier, ingénieur en chef. Il avait pour collaborateurs MM. Prony, inspecteur; Lescot, Suhard, Brice et Houdouard, ingénieurs; Provôt, entrepreneur; Dufeut, appareilleur, et il avait pour conducteurs des travaux, plusieurs autres personnes instruites dans l'art des constructions hydrauliques.

Ce pont fait l'admiration de tous les connaisseurs, par son élégance, sa hardiesse et sa légèreté. Il est construit en pierres de tailles, sur pilotis; bâti à sec, huit pieds plus bas que les eaux du sol naturel, au moyen des batardeaux et machines hydrauliques qu'on y a employés pour les épuisemens, ce qui en fait la grande solidité. Il est soutenu par cinq arches, d'un cintre surbaissé. Celle du milieu a 108 pieds de largeur; les deux du bout, 72 pieds, et les deux autres 88. De chaque côté, sur les trottoirs, au-dessus des piles des arches et des culées, sont élevées des loges carrées, de 3 à quatre mètres de circonférence, disposées d'après le plan de M. Perronet, à supporter des pyramides à la claire-voie, parsemées de fleurs-de-lys, et surmontées de la couronne de France. Mais les circonstances de la révolution ont fait changer ces dispositions.

Le Gouvernement a ordonné, en 1810, qu'il serait élevé à ces mêmes endroits des statues à plusieurs grands hommes.

Les éditeurs du Recueil polytechnique ont proposé, en 1803, d'y placer Sully, Colbert, Perronet, Trudenne, Henri IV, Louis XIV, et plusieurs autres qui s'étaient illustrés dans l'histoire des arts et du commerce, observant que les endroits disposés à cet effet sont au nombre de 16 sur ce même pont.

Ce qui fixe pareillement l'attention des connaisseurs, c'est le chemin du hallage, qui passe sous l'une de arches de ce même pont, que le génie de l'auteur a conçu et fait exécuter du côté du nord, pour le passage des chevaux qui peuvent être nécessaires à la navigation. Cet exemple a été suivi pareillement au pont d'Austerlitz. Enfin, suivant tous les rapports, ce pont, avec les culées et murs des quais des environs, a coûté *cinq millions*.

Pont-des-Arts.

Ce pont est situé à l'endroit figuré et coté 14, au plan ci-joint, d'un côté, vis-à-vis du palais du Louvre, ou des Sciences et Arts, et de l'autre, vis-à-vis de celui du cardinal Mazarin, ou du collége des Quatre-Nations, maintenant Palais des Arts. Il fut commencé en 1803, et achevé en 1805. Il a été construit suivant les plans et dessins de M. Cessard, inspecteur général des ponts et chaussées, le même qui a dirigé la construction du pont de Saumur, sur la Loire.

Les travaux du Pont-des-Arts furent d'abord dirigés par M. Dumoustier, et, ensuite, continués par l'ingénieur Becquey-Baupré, son survivant, et Dilon, ingénieur ordinaire.

Les huit piles de ce pont sont en pierre; elles ont été bâties dans des caissons sur pilotis, dont les pieux ont été récepés avec la scie mécanique; le tout sans batardeau ni épuisement. Les cintres des 9 arches sont en fer fondu, recouverts en planches, sur des pièces de bois croisées.

Il n'y passe que des gens de pied; mais sa situation est tellement avantageuse, que les cinq centimes, ou un sous, qui se perçoivent par personne, forment un produit qui aura bientôt dédommagé les entrepreneurs de sa construction, réglée à dix-neuf cent mille francs, car on apprécie la recette à plus de cinq cents francs par jour. Malgré toutes les critiques qui ont été publiées contre sa construction dans tous les journaux de Paris. (Voyez les feuilles de l'an 11 et de l'an 12 de la République française.)

Pont-d'Austerlitz, ou du Jardin des Plantes.

Ce pont est situé à l'endroit figuré et coté 18, au plan ci-joint. Il était désiré depuis 1735, époque à laquelle ont été formés les nouveaux boulevards du midi, qui viennent tous directement y aboutir, de même que les routes des barrières d'Orléans, d'Enfer, da Fontainebleau, de Lyon et d'Italie.

Sa construction fut commencée en 1804, sous la direction de l'ingénieur Dumoustier, et terminée en 1808, sous celle de MM. Becquey-Baupré et Lamandet fils, par Provôt, entrepreneur.

Il est bâti en pierre et en fer coulé, comme celui des Arts, excepté que les cintres en fer sont d'une dimension plus forte et plus compliquée, afin de lui donner plus de solidité pour le passage des voitures; au lieu que celui des Arts n'est que pour les gens de pied.

Le milieu de la chaussée du Pont-d'Austerlitz est couvert de cailloux très-durs; broyés de manière que les voitures passent dessus sans produire aucun cahotement, et, à mesure que les rouages se forment, on recharge de mêmes cailloux les endroits usés, afin que ladite chaussée soit toujours unie et bombée. A chaque côté, sont des trottoirs couverts en dalles de pierres. Du côté de l'eau, sont des balcons en fer triager, pour servir de parapets.

Les piles des arches ont été bâties dans des caissons coulés au fond de l'eau, sur pilotis, dont les pieux ont été récepés avec la scie mécanique, sans batardeau ni épuisement, comme à celles du Pont-des-Arts et de la Cité; mais, ce genre de construction a été contre le vœu de plusieurs artistes, qui ont observé dans les tems, et avec raison, que, si un pont devait être solidement construit, c'était celui d'Austerlitz, en raison de sa situation et de sa position, étant exposé à supporter le premier choque des débâcles de la Seine et de la Marne.

D'autre part, ce pont, qui sert de communication à tous les quartiers des faubourgs et boulevards Saint-Marcel, Saint-Victor, Saint-Antoine et du Temple, est un passage très-fréquent pour les voitures chargées d'énormes fardeaux de pierres et moëlons venant des carrières, pour les constructions qui se font dans Paris.

Enfin, la dépense de ce pont a été évaluée à trois millions cinq cent mille fr., qui ont été fournis par la compagnie des ponts des Arts et de la Cité, moyennant un pareil droit de péage que pour ces deux ponts pendant 25 ans, dont le rapport est éstimé 800 francs par jour.

On a formé une demi-lune à chaque bout; l'une, vis-à-vis du Jardin des Plantes, nommée *Val-Hubert*, et l'autre *Mazas*, vis-à-vis des avenues et boulevards de Saint-Antoine, qui doivent conduire, en ligne directe, aux faubourg et porte de ce même nom: le tout, tel qu'il est figuré et coté au plan ci-joint.

Pont-d'Iéna.

Ce pont, non encore terminé en 1811, est situé vis-à-vis du Champ-de-Mars, et figuré au plan ci-joint.

Il a été commencé en 1807, sous la direction de l'ingénieur Lamandé fils. Plusieurs entrepreneurs ont successivement renoncé à l'entreprise de ce nouveau pont. En 1809, M. Galand, de Poitiers, s'est chargé d'en finir la construction.

Les quatre piles sont bâties dans le même genre que celles du Pont-d'Austerlitz, et les cintres doivent être également en fer fondu.

Il porte le nom de la fameuse bataille livrée en 1806, entre l'Empereur des Français et le Roi de Prusse.

Ce pont servira pour établir une communication directe des routes du nord à celles du midi, par le pont-de-Neuilly, les Barrières d'Enfer, d'Orléans, ainsi que d'Italie, passant, d'un côté, au Bois de Boulogne, et de l'autre, au Champ-de-Mars, suivant les lignes ponctuées et figurées au plan ci-joint.

Beaucoup de personnes qui, jusqu'alors, ignoraient la direction de la nouvelle route que nous venons de désigner, critiquaient sur la construction de ce même pont; l'appelant *le Pont-aux-Alouettes*, parce qu'il se trouve en face d'une butte, sans autre issue apparente; mais, en jetant un coup-d'œil sur le plan ci-joint, on verra un chemin direct, depuis la route d'Orléans, Barrière d'Enfer, jusqu'au Pont-de-Neuilly, comme si la nature l'eût disposé ainsi, en tranchant seulement la butte de Chaillot: travail qui paraît être définitivement adopté par le Gouvernement, ainsi que le projet d'y élever un Palais, où l'on pourrait conduire une portion des eaux du canal de l'Ourcq.

C'est le Trésor public qui a fourni les fonds pour la construction de ce pont; par ce moyen, le passage sera libre et franc de toute rétribution.

Ainsi se termine l'historique des ponts de Paris, dans l'intérieur de cette grande ville, jusqu'à ce jour, à la réserve 1.° du *Pont-Saint-Charles*, dit *des Malades-de-l'Hôtel-Dieu*, situé près celui *au Double*, dont nous avons parlé; 2.° les *Ponts-aux-Biches*, l'un, quartier de la rue Philipeau, et sous lequel passe un grand égoût; l'autre, faubourg Saint-Marcel, sous lequel passe la petite rivière des Goblins; 3.° le *Pont-Marchand*, près l'hôpital de la Salpêtrière; 4.° le *Pont-de-Roule-Barbe*, derrière les Goblins; 5.° le *Pont-aux-Tripes*, rue Mouftar; 6.° les deux *Ponts-Hypolite*, près l'église de ce nom; 7.° le *Pont-Coupeau*, près la Croix-Clamart et le pré de l'Avocat. Tous ces ponts, situés faubourg Saint-Marcel et sur la rivière des Goblins, ne nous ont paru mériter aucune description.

CHATEAU DES TUILERIES. (*Coté C.*)

Le Pont-Royal, dont nous avons parlé, qui a été nommé aussi Pont de la Révolution, rappelle l'histoire d'un monument dont la majesté imposante étonnera dans tous les tems, comme la beauté de son ensemble excitera toujours l'admiration.

Le Château des Tuileries. Quelle idée ce nom fait naître! Avec quelle rapidité la pensée traverse l'espace des tems, pour considérer l'époque où des masures, un four à tuiles, occupaient une partie de l'emplacement où sont maintenant le plus beau palais et le plus beau jardin de l'Europe!

Ce fut en 1519 que François I.er échangea le château et la terre de Chante-Loup, avec Nicolas de Neuville, contre les terrains, maisons, cours et jardins clos de murs, qu'avait ce dernier, au faubourg Saint-Honoré, à Paris, près la porte de la ville.

En 1625, la Duchesse d'Angoulême, mère du Roi, étant régente, fit don de la maison des Tuileries et de ses dépendances, à Jean Tiercelin, maître-d'hôtel du Dauphin, et à Julie Trot, sa femme, pour leur vie seulement.

En 1564, la Reine entreprit de faire bâtir le Château des Tuileries, avec de magnifiques jardins.

Cette nouvelle maison royale était destinée à remplacer le Palais des Tournelles, que l'on fit démolir, et qui était situé sur le bord du port de ce même nom.

Le Château ou Palais des Tuileries prit son nom du lieu-même destiné depuis long-tems à fabriquer la tuile, dont la plupart des maisons de Paris étaient alors couvertes.

Philibert de Lorme, abbé de Saint-Serges et de Saint-Eloi, le plus habile architecte qui eût paru en France, eut la conduite de ce somptueux bâtiment, beaucoup moins étendu alors qu'il ne l'est aujourd'hui.

Tout l'édifice ne consistait qu'en cinq pièces; savoir: un gros pavillon au milieu de deux corps de logis terminés par deux autres petits pavillons, dont la belle disposition formait un ensemble également riche, régulier et bien proportionné. Mais, aujourd'hui réuni au Louvre, par sa nouvelle galerie, il va devenir le plus beau Palais de l'univers.

Le Roi Henri IV et ses deux successeurs ont beauboup changé la façade de ce palais, qu'ils ont augmenté de plus de moitié. (*Hist. de Paris*, *Félibien.*)

Le superbe Jardin, tel qu'on le voit aujourd'hui, a été fait sur les dessins du célèbre Lenotre, et l'on peut dire qu'il s'embellit chaque jour, par les soins d'un Gouvernement ami des arts, de la grandeur nationale, et de la prospérité publique.

CANAUX
DES
ENVIRONS DE PARIS.

En 1723, M. Boisson, ingénieur, fit imprimer un mémoire où il proposait de faire autour de Paris un canal de 2,200 toises ou 4,100 mètres environ; depuis le Roule jusqu'au Pont-aux-choux, et aux fossés de l'Arsenal, qu'il remplirait avec dix machines hydrauliques.

Le modèle qu'il en fit faire fut trouvé bon, et approuvé, mais ne fut point exécuté.

Canal de Paris à Saint-Denis.

En 1658, MM. Petit et Noblet proposèrent à l'assemblée de l'hôtel-de-ville d'ouvrir un canal qui irait depuis la pointe du bastion de l'Arsenal, en tirant vers le nord, jusqu'au-dessous de Paris, entre Saint-Denis et Saint-Ouen.

Canal de Paris à la rivière d'Oise, près l'Isle-Adam.

En 1724, M. Leroy, comte de Jumelles, proposa la construction d'un canal de communication de Paris à la rivière d'Oise, près de l'Isle-Adam. M. Daudet fit imprimer un mémoire sur la construction de ce canal, sous le nom de canal de Bourbon; on en reconnut la possibilité, mais la dépense de l'entreprise fit refuser les lettres-patentes demandées pour cet objet.

Canal de Versailles à Sèvres.

Ce projet, inventé depuis plusieurs siècles, a été renouvelé en 1741, par M. Croiset; mais, comme il y a 363 pieds de chûte, depuis la cour de marbre du château de Versailles, jusqu'à la rivière, prise à Sèvres, il aurait fallu un si grand nombre d'écluses, qu'on ne fut pas tenté de l'adopter, quoique la dépense ne fût évaluée qu'à 608,000 livres.

Canal de Saint-Maur.

En 1789 et 1791, M. Fere de Montizon, ingénieur, associé à M. Houard, entrepreneur, proposa de faire un canal, de Saint-Maur à Grenelle, au-dessus de Charenton, sur Marne, près Paris, que S. M. a fait exécuter en 1809 et 1810.

M. de Montizon proposa également de faire deux autres canaux sur la même rivière, l'un de Chalifer à Esbly, au-dessus de Lagny, et l'autre de Trilport aux deux hameaux au-dessus de Meaux, en Brie.

Ces trois canaux contiendraient ensemble une longueur de deux lieues, et racourciraient la navigation de la Marne, de plus de dix.

Canal d'Argenteuil.

En 1791, M. Gencis, ingénieur, proposa de faire un canal d'Argenteuil à *Sartrouville*, sur Seine, pour, d'un côté, racourcir la navigation de cinq à six lieues, et de l'autre, pour éviter le passage dangereux, *dit* le Trou-de-la-Morue. MM. Boutidour, député à l'Assemblée Constituante, et Houard, entrepreneur, furent avec l'auteur examiner la situation du terrain, et le projet leur parut facile à exécuter.

CANAL DE L'OURCQ.

Ce fut en 1520 et 1528 que le prévôt des marchands et les échevins de la ville de Paris s'occupèrent, pour la première fois, du *canal de l'Ourcq.*

L'Ourcq prend sa source à une fontaine située dans la forêt de Ris, frontière des départemens de l'Aisne et de la Marne, et passe ensuite par la ville de Fère, les villages d'Armentières, de Berny, à la Ferté-Millon, où devait être formé *un autre bassin de partage d'un autre canal projeté, pour, d'un côté, joindre l'Aisne, à Soissons*, et de l'autre, la Marne, au-dessous de Lizy, petit bourg, à 300 toises de la Marne.

En 1632, Jacques et Louis de Fouligny, Nicolas de Creil, Raimond Massuan, Claude Couturier, Jacques de Montaut et Malvoisine, bourgeois de Paris, obtinrent des lettres-patentes pour rendre la rivière de l'Ourcq navigable, depuis la Ferté-Millon, jusqu'à son embouchure dans la Marne, près de Lizy. Ce travail fut terminé le 25 juillet 1658.

En 1661, le sieur Arnaud augmenta la navigation de trois lieues, en remontant depuis la Ferté-Millon, jusqu'au Moulin-de-l'Isle, près Cresne.

Cette rivière d'Ourcq est si utile, que les marchands l'appellent la petite rivière par excellence.

En 1676, il y eut des lettres-patentes pour l'ouverture d'un canal qui devait venir de la rivière de l'Ourcq et de la Marne, au-delà de Meaux, jusqu'à Paris.

Louis XIV et le grand Colbert trouvèrent tant de grandeur et d'utilité dans cette entreprise, que l'on accorda des lettres-patentes, au mois de juillet 1626, à MM. de Riquet et de Manse; M. le duc d'Orléans donna aussi les siennes le 20 mai 1677, en raison de ce que la rivière de l'Ourcq, depuis Lizy jusqu'à son embouchure dans la Marne, lui appartenait comme faisant partie de son duché de Valois.

M. de Manse s'en occupa presque seul, parce que M. de Riquet était alors au canal de Languedoc; et M. Manse conduisit le canal depuis Lizy jusqu'à Meaux, ce qui fait à-peu-près neuf à dix mille toises courantes de canal, et environ quatre lieues, ou 19,490 mètres de longueur.

La mort de M. Colbert, qui arriva à-peu-près lorsque ces quatre lieues de canal furent finies; celle de M. Riquet, qui arriva vers le même-tems; enfin, les guerres continuelles que le Roi eut à soutenir, interrompirent le cours de cette entreprise; mais M. de Manse en conserva toujours soigneusement les plans, cartes, niveaux, titres, mémoires et devis, et regarda toujours ces papiers comme une chose si importante et si précieuse, qu'en mourant, il en fit dépositaire Catherine Talon, son épouse, à qui il ne crut pas donner de meilleures preuves de son attachement.

M. Brulé, jadis employé à la charpente du pont d'Orléans, ensuite entrepreneur de bâtimens, à Paris, imagina de tenter l'entreprise du canal de l'Ourcq, et à cet effet il fit faire des copies de projets qui avaienr déjà été présentés, et les soumit au conseil d'état du Roi; en 1787, il obtint un arrêt qui l'autorisa à faire l'ouverture de ce canal, sous le nom de Sébastien Job, qu'il avait pris pour prête-nom.

Le sieur Brulé forma une compagnie sous le nom de Canal-Royal de Paris; il s'aboucha avec le duc de Chartres, fils du ci-devant duc d'Orléans, avec MM. le Couteulx, Cabarrus et le général Paoli.

Cette société devait faire le versement de vingt millions; mais une contestation s'éleva entre eux et lui, sur ce que la compagnie proposa de nommer un ingénieur-général pour la direction des travaux, à l'effet de balancer leurs intérêts avec ceux du sieur Brulé, nommé directeur-général. Ce dernier voulait se réserver à lui seul la direction des travaux; la compagnie lui observa que, voulant diriger seul les travaux, il pouvait seul diriger les finances : la société fut dissoute, et le projet abandonné.

En 1788, les Etats-généraux ayant été convoqués, M. Brulé présenta de nouveau son projet : il obtint l'assentiment général des districts de Paris et des municipalités des environs. L'assemblée nationale lui accorda, par un décret qui fut sanctionné par le Roi, affiché et proclamé par toute la France, l'autorité nécessaire pour l'ouverture du canal. Le décret fut motivé sur l'urgente nécessité de procurer de l'ouvrage à des milliers d'ouvriers; en effet, il y en eut un si grand nombre, que l'on en comptait à Paris plus de quarante mille réunis en ateliers de charité, à raison de vingt sols par jour : jamais il n'y eut d'époque plus favorable pour l'exécution de ce même canal. En 1790, on lisait ces mots, écrits en grosses lettres, à une maison, près la porte Saint-Martin, attenante à l'ancien Opéra, sur le Boulevard : *Administration générale du canal national de Paris.*

En 1790, M. Brulé, quoique riche de 80,000 fr. de rente, employa une infinité de personnes aux opérations de son projet de canal, qu'il payait avec des promesses. Il avait en outre, pour principaux de son administration, à cette même époque, MM. Poulletier, Bentabole, avocats; Rollan, financier; Devarenne, ingénieur; Allin, commis de bureau, et Houard, entrepreneur. Ce dernier employé depuis plusieurs campagnes, pour l'objet dont il s'agit, sans rien recevoir, eut des difficultés pour obtenir le paiement d'un mémoire de 4,742 liv. 7 sols 6 deniers, qu'il réclamait.

Mais, M. Brulé, plutôt que de satisfaire au paiement de ce mémoire, décria ce premier créancier, en disant qu'il dénigrait projet, pour en empêcher l'exécution. L'entrepreneur, muni de pièces qui justifiaient bien du contraire, signées de presque tous les présidens et commissaires des sections de Paris, en date du 20 janvier 1791, et de plusieurs députés de l'assemblée constituante (1), du

(1) MM. Pétion, Cosin, Marine, d'Augis, de Laforges et Boutidour.

25 du même mois, et de plusieurs ingénieurs des ponts et chaussées (1), du 12 février même année.

M. Brulé fut cité à comparaître devant le juge de paix Locré (2), qui, le 29 janvier 1791, le condamna à payer, sauf à déduire les sommes qu'il justifierait avoir comptées.

M. Brulé interjeta appel, et, complaisamment, l'un des juges (3) l'admit au serment, pour affirmer qu'il avait payé sans quittance.

Mais bientôt la majorité des juges revenant sur cette erreur, condamnèrent M. Brulé à justifier de quittances; de manière que la suite d'une infinité de procès qui lui sont survenus, relatifs à ce même objet, a contribué au délâbrement de sa fortune, avec celui d'un médecin qui est parvenu à être son gendre, malgré lui (4).

M. Bentabole, avocat (5), obtint une sentence par laquelle M. Brulé fut obligé de lui payer 1,200.

Enfin, M. Brulé ayant employé pour faire les plans et projets, comme nous l'avons déjà observé, une infinité de personnes qu'il payait avec des promesses, reçut jusqu'à cinquante assignations dans un jour; par ce moyen, il perdit tout son crédit, et fut obligé de renoncer à son entreprise.

M. Brulé a, depuis cette époque, vendu ses droits à M. Sollage, lequel devait se charger de faire exécuter le projet, pour la deuxième fois, sans qu'il en coutât rien au Gouvernement; il paraît, en effet, d'après le rapport de M. Gauthey, inspecteur-général des ponts et chaussées, que M. Sollage a présenté ses plans au Gouvernement, qu'ils ont été renvoyés à la vérification de l'administration des ponts et chaussées; mais que, par suite, les conditions de M. Sollage n'ont pas été acceptées.

Ce fut le 29 floréal an X (6), qu'un arrêté du Gouvernement ordonna que les travaux de ce canal seraient exécutés par les ingénieurs des ponts et chaussées : l'on a pris pour bases le plan de l'ingénieur Bruyère; un impôt additionnel a été ordonné sur les octrois de Paris, pour fournir aux dépenses; mais l'ouverture des travaux commencés sous la surveillance du préfet du département de la Seine, a suscité une contestation à l'égard de sa direction, entre le conseil des ponts et chaussées et l'ingénieur en chef, qui a suivi un plan tout autre que celui indiqué par l'administration, comme les lecteurs peuvent le voir d'après les extraits des mémoires de MM. Gauthey et Girard, mentionnés aux premier et deuxième volumes du *Recueil polytechnique*, où M. Gauthey traite avec raison le canal de l'Ourcq, *de canal Rigole*; observant qu'il ne peut passer qu'un bateau à la fois, n'ayant que neuf pieds de large, dans le fond réduit. M. Girard, ingénieur en chef de ce canal, a répondu à ce mémoire, dont voici le résumé.

(1) MM. Dumoustier, Souart, Brice, Lescot et Dumoncel.

(2) Ensuite secrétaire-général du conseil-d'état, sous Napoléon I.

(3) Morico, chargé du rapport de cette affaire.

(4) Ce médecin avait enlevé mademoiselle Brulé, sa fille unique, de concert avec sa femme de chambre, quoiqu'au trois quarts et demi folle; mais elle avait 30,000 fr. de rente, assurés par l'inventaire de sa mère, et desquels il a fallu que M. Brulé rendît compte au médecin.

(5) Ensuite député à la convention.

(6) 1803.

RÉSUMÉ

De M. Girard, ingénieur, sur les travaux du Canal de l'Ourcq.

Je vais rappeler en peu de mots, dit M. Girard, les propositions fondamentales qui résultent de la discussion dont le rapport précédent est l'objet.

1.° Le canal de l'Ourcq diffère essentiellement de tous les canaux qui ont été exécutés jusqu'à présent, parce qu'il remplira en même tems les fonctions d'un aqueduc et celles d'un canal de navigation.

2.° Envisagé sous le premier point de vue, le canal de l'Ourcq doit amener des eaux salubres dans la capitale; et, pour être telles, leur vitesse ne peut être moindre de 35 centimètres par seconde.

3.° Considéré comme navigable, le canal de l'Ourcq doit conserver, sur toute sa longuer, une hauteur d'eau constante, sans le secours d'écluses ni d'aucun autre barrage.

4.° La plus grande quantité d'eau sur laquelle on puisse compter, pour alimenter ce canal, sera de 13,500 pouces, ou 250,820 kilolitres par 24 heures.

5.° La prise de la rivière d'Ourcq sera faite dans le bief supérieur du moulin de Mareuil, à 96 kilomètres de la barrière de Pantin.

6.° La pente côtale de ce canal de dérivation, entre ses deux extrémités, est de 10 mètres 14 centimètres.

7.° Cette pente ne sera point distribuée uniformément, mais suivant la loi représentée par le rapport des co-ordonnées de la courbe *funiculaire*.

« Je ne me suis point assujéti, dans le rapport que je viens de terminer, à suivre la marche synthétique des devis ordinaires. La rédaction du projet dont je me suis occupé présentait, ou des questions nouvelles qui méritaient d'être traitées avec soin, ou d'anciennes qu'estions, qui, jusqu'ici, n'ont été résolues qu'incomplètement; voilà pourquoi j'ai développé avec quelqu'étendue l'analyse à l'aide de laquelle je crois en avoir obtenu la solution.

Enfin, convaincu que les progrès de l'architecture hydraulique sont essentiellement liés à ceux des sciences physiques, et que celle-là ne doit point rester *stationnaire* lorsqu'un mouvement rapide est imprimé à celle-ci, j'ai pensé que la haute importance du travail qui m'est confié, les avantages long-tems désirés que la capitale en attend, en un mot, que l'intérêt protecteur qu'y attache le chef de l'État, m'imposaient l'obligation de donner à ce travail toute la perfection dont il m'a paru susceptible, et ne me permettaient pas, quelques préjugés que j'eusse à combattre, de négliger de faire, pour y parvenir, une application utile des découvertes dues aux géomètres et aux physiciens français dont les travaux ont honoré la Patrie, et illustré ces derniers tems ». *Ainsi termine M. Girard.*

AVANTAGES

Que doit procurer l'exécution du Canal de l'Ourcq.

Si jamais ce canal est exécuté, dit M. de Lalande, il rendra la communication plus courte et plus aisée qu'elle n'est aujourd'hui sur la rivière de Marne;

il arrivera, presque sans contour, directement à Paris, au lieu que la Marne en fait plusieurs, qui allongent le chemin presque de la moitié. Dans les basses eaux, la Marne, en plusieurs endroits, n'est point navigable, ce qui oblige les marchands et voituriers d'alléger leurs bateaux, et d'en faire souvent trois d'un seul, au lieu que par le nouveau canal, où les bateaux entreront par la Marne, ils arriveront à Paris en un seul jour, tirés par des chevaux de trait, sans avoir besoin de les alléger. Ces bateaux remonteront, avec la même facilité, de Paris à Meaux et à la Marne.

Le canal d'Ourcq réunirait des avantages immenses pour la ville de Paris, depuis l'Arsenal jusqu'au bout du Cours-la-Reine, *observant qu'il passerait, d'un côté, aux faubourgs Saint-Denis, Montmartre, Chaussée-d'Antin, Saint-Honoré, Champs-Elysées, au bas de Chaillot; de l'autre, aux faubourgs du Temple, Popincourt, boulevard et porte Saint-Antoine.*

Les eaux de ce canal pourraient, à cet effet, se partager en deux branches, au moyen d'un bassin que l'on peut former entre les faubourgs Saint-Denis et Saint-Martin, près la nouvelle barrière des Vertus, *sur un terrain plat que la nature semble avoir tout disposé pour cet objet*, tel qu'il est figuré au plan coté 21; par ce moyen, on pourrait former également d'autres bassins, soit carrés ou de forme circulaire, pour servir de port et de gare aux bateaux et marchandises qui arriveraient à Paris par ces mêmes canaux, ainsi qu'ils sont indiqués audit plan.

Ces canaux, toujours pleins d'une eau pure et coulante, remplaceraient l'égoût qui porte aujourd'hui l'infection, non seulement sur le boulevard, mais encore bien avant dans la capitale. Les eaux qui seraient conduites sur le rempart, par un aqueduc ou par des tuyaux forcés, pourraient produire aux places publiques de Paris de belles fontaines, ainsi qu'il paraît être arrêté par le Gouvernement, si l'on en juge par les travaux déjà exécutés, et d'autres projetés dans l'intérieur de cette capitale. Par ces moyens on pourrait retrancher une partie des tombereaux qui enlèvent les boues de Paris, qui coûtent de dépense à la ville, plus d'un million chaque année, et nétoyer les rues, deux ou trois fois par semaine, à l'eau et au balai. Dans le dégel, la neige, quelque soin qu'on prenne, reste souvent plusieurs jours sur le pavé de Paris, ou ramessée en tas contre les murs des maisons; elle fond, se répand et incommode beaucoup les habitans, au lieu qu'avec le nouveau canal, ces neiges seraient entraînées par des eaux supérieures, rapides et abondantes, dans les égoûts ou dans la rivière.

On construira aussi des magasins et des chantiers où tous les habitans des faubourgs et de la ville, depuis la porte Saint-Antoine, jusqu'aux faubourgs du Roule, des Champs-Elysées, Saint-Honoré et Chaillot, auront à leur porte, et, pour ainsi dire, sous leurs mains, toutes les marchandises qui leur sont nécessaires, au lieu de les venir chercher d'un bout de Paris à l'autre, avec beaucoup de dépense et d'embarras.

On pourra aussi établir sur ce canal toutes sortes de manufactures, d'après l'assurance qu'on a que les eaux de l'Ourcq seront très-bonnes à tout usage, et ces manufactures pourront avoir leur décharge dans le grand égoût, afin de conserver les eaux de ce canal toujours pures.

Enfin, on pourra également établir, depuis la porte Saint-Antoine jusqu'à la porte Saint-Honoré, des abreuvoirs, des lavoirs et des bains, pour la commodité des habitans qui sont le plus éloignés de la Seine, en formant un embranchement de canal du faubourg Saint-Denis à la Seine, au bas de Chaillot, passant au Porcheron et aux Champs-Elysées, avec bassin, comme il est figuré au plan ci-joint.

Les eaux supérieures et abondantes, conduites le long des remparts, pourront se porter à la tête des égoûts intérieurs de la ville, pour les dégorger de tems en tems, et entraîner les ordures qui s'y amassent et qui causent tant d'infection et des maladies populaires. La ville s'épargnera, par ce moyen, la nécessité où elle se trouve de faire ouvrir ces égoûts, pour les vider, ce qui lui cause journellement de la dépense, de la puanteur et de l'embarras.

CANAL DE SAINT-DENIS A PARIS,

OU

Deuxième embranchement du Canal de l'Ourcq à l'Oise et à la Seine.

Nous avons parlé du projet de canal présenté par M. Daudet, célèbre ingénieur, sous le nom de *canal Bourbon*, qui devait communiquer de Paris à l'Oise, par Saint-Denis, et d'un autre projet également présenté en 1730, par les magistrats de police et les députés du commerce de Paris. Ce même canal devait, d'un côté, suivre pour direction la Chapelle, passer derrière les Récollets, le faubourg Saint-Martin, l'hôpital Saint-Louis, où devait être formé un nouveau port; se continuer par le faubourg du Temple, le Pont-aux-Choux, jusqu'à la Seine, vers le bastion du ci-devant Arsenal, actuellement le boulevard Bourbon. De l'autre côté, il devait suivre les boulevards Saint-Denis, Montmartre, la Magdeleine, et aller joindre la Seine, au bas de Chaillot. Ce canal devait encore passer par Saint-Denis, Epinay, Ormesson, l'Etang de la Chasse, le vallon de Méry, et joindre *l'Oise, au-dessous de l'Isle-Adam.*

Mais, aujourd'hui, la partie du canal de Paris à l'Oise, par Saint-Denis, serait bien plus facile à faire, au moyen des eaux de celui de l'Ourcq, dès l'instant qu'elles seront arrivées au bassin de partage nouvellement exécuté à la Villette, où ces mêmes eaux pourront se partager en trois branches, pour joindre la Seine; *la première*, vis-à-vis du Jardin des Plantes; *la deuxième*, au bas de Chaillot, et *la troisième*, à Saint-Denis, pour, ensuite, se continuer jusqu'à Conflans, Sainte-Honorine, sur Seine, et Pontoise, sur l'Oise, par le bois de Pierrelaye, ainsi qu'il est figuré aux plan et carte ci-joints, comme nous l'avons déjà annoncé.

Par ce moyen on aura la communication de l'Oise avec la Seine, au port de l'Arsenal, à Paris, en un seul jour, en évitant les contours de la Seine, les passages dangereux et l'inconvénient des basses eaux.

Les bateaux chargés de marchandises pour la provision de Paris, ou qui doivent passer debout par cette grande ville, sont ordinairement sept à huit jours en marche sur l'Oise et sur la Seine, et souvent davantage, pour venir de l'Isle-Adam et de Poissy à Paris, au port Saint-Nicolas, au lieu que, par la route du canal, ils arriveront en un jour au port de l'Arsenal, avec moins de dépense, et sans aucun danger.

Les bateaux qui sont obligés de traverser Paris, emploient quatre jours au moins dans ce passage, ce qui fait souvent douze ou quinze iours pour arriver de l'Isle-Adam et de Poissy au pont de la Tournelle; il n'en faudra jamais qu'un, par le canal, pour être rendu au port de l'Arsenal.

Les bateaux de la Normandie sont deux jours et demi ou trois jours sur la Seine, pour aller depuis Saint-Denis jusqu'au port Saint-Nicolas, et même plus, pour arriver au port de la Tournelle; au lieu que, par le canal, ils ne seront, tout au plus, que quatre heures, sans aucun risque et, avec beaucoup moins de dépense.

Les bateaux de la Bourgogne et de la Champagne, qui descendent la Seine jusqu'à Paris, même de la Bretagne, l'Anjou, la Touraine, le Berry et le Nivernois, par la Loire, et qui seront chargés de marchandises destinées à être voiturées par la rivière de l'Oise et le canal de Picardie, maintenant de l'Escaut, par Saint-Quentin, qui communique jusqu'en Hollande, pour être ensuite transportées dans les provinces du Nord, ne seront point obligés de traverser Paris et tous les ponts, dont le passage est souvent pénible et dangereux; ils éviteront ceux de Sèvres, Saint-Cloud, de Neuilly, de Chatou, de Saint-Germain, de Pontoise, et les écueils qui se rencontrent sur la Seine, à la machine de Marly, au passage de la Morue (1) et ailleurs; ils arriveront aussi, dans un jour, sans danger et avec beaucoup moins de dépense, en prenant la route du canal, près le bastillon de l'Arsenal, au lieu qu'il leur faut au moins quatre jours pour y arriver par la route de la Seine et de l'Oise. Les bateaux de charbon sont quelquefois obligés de séjourner deux ou trois ans près de Charenton, faute de port pour pouvoir se placer dans Paris, et le canal en tiendrait lieu.

Outre l'agréable communication de Paris à Saint-Denis, on abrégerait la navigation qui se fait aujourd'hui sur la Seine, de Paris à Poissy, par Saint-Denis, Saint-Cloud et Saint-Germain-en-Laye.

C'est ainsi que le canal de l'Ourcq ferait de Paris une ville nouvelle, pour le commerce et les commodités de toute espèce que cette capitale aurait acquises.

En 1725, 1726, 1727, le projet du canal de Saint-Denis fut examiné par différentes personnes très-capables d'en juger. M. Bélidor, M. de la Jonchère, ingénieur du Roi, M. de Senne, de l'académie des sciences, M. l'abbé de la Grive, M. de Fayolle, inspecteur-général des ponts et chaussées, M. Gautier, ancien inspecteur des ponts et chaussées, et M. Oudart, entrepreneur des travaux du Roi et du canal de Picardie; ils visitèrent les lieux, trouvèrent le canal très-possible, et la Faculté de Médecine jugea qu'il serait salutaire pour les habitans de Paris. Enfin, d'après toutes les dispositions du Gouvernement, il n'y a plus de doute que tous ces projets vont être bien examinés, et que ceux les mieux conçus et reconnus les plus utiles, seront entrepris et exécutés, pour le bien général et particulier du commerce.

---

(1) Espèce de gouffre ou de tourbillon d'eau qu'on trouve dans la Seine, au-dessous d'Argenteuil, près Paris.

PRÉCIS
HISTORIQUE ET GÉNÉRAL
DES CANAUX DE NAVIGATION.

Les deux plus grandes sources de richesse et de prospérité des états, l'agriculture et le commerce, sont vivifiées par la navigation intérieure, qui fait circuler rapidement l'abondance du centre d'un empire à ses extrémités, et des extrémités au centre.

Aussi, ceux des peuples anciens qui ont fondé de grands empires, ont-ils institué et perfectionné la navigation intérieure, en construisant des canaux. Avant que la Grèce fût civilisée, les Chinois avaient déjà acquis une supériorité marquée sur les autres peuples, par l'ancienneté de leurs travaux de desséchement et de navigation; déjà, plusieurs siècles avant l'ère chrétienne, ces travaux avaient rendu leurs rivières navigables, assuré la communication de ces rivières, par des canaux, formé, en un mot, cette navigation qui semble ne faire qu'une seule ville de ce vaste empire.

Les Egyptiens avaient multiplié, par des canaux innombrables, le seul grand fleuve qui arrose leur sol, monumens détruits en grande partie par des conquérans barbares; mais dont les ruines honorent plus ce peuple, que ces fameuses pyramides, inutiles monumens d'une vaine ostentation. On sait que les anciens rois d'Egypte avaient conçu et entrepris le grand projet qui a été renouvelé sous les Empereurs romains, et repris quelquefois par les Princes ottomans, celui de faire communiquer la mer Rouge avec la Méditerranée, en ouvrant l'Isthme de Suez.

La célèbre Babylone jouit encore de la gloire des superbes aqueducs et canaux élevés par Sémiramis, augmentés par ses successeurs, et détruits avec cet empire. Les plus grands rois de Perse, Cyrus et Xerxès, voulurent ajouter à la gloire de leurs conquêtes celle plus réelle de procurer l'abondance aux peuples, par la navigation intérieure.

La Grèce, maitresse des nations, par le génie des sciences et des arts, creusa des canaux en Thrace et en Béotie, jusqu'à la mer, en ouvrant le sein des montagnes, sur une étendue de plusieurs lieues, au rapport de Strabon. Ces canaux, suivant plusieurs auteurs, furent regardés comme une des grandes merveilles du monde.

Le Peuple romain, déjà si célèbre à tant d'autres titres, se signala encore par de grands monumens de navigation intérieure. Dès son origine, il entreprit de perfectionner la navigation du Tibre, et continua de s'en occuper au millieu des progrès de sa puissance. César fit exécuter des ouvrages aussi considérables qu'utiles, à l'embouchure et dans le cours de ce fleuve ; ses successeurs étendirent la navigation, en rendant navigables les rivières qui s'y rendaient. Trajan dessécha les marais Pontins, *et les remplaça par des campagnes salubres et cultivées, en construisant des canaux de desséchement et de navigation.*

En Asie, la communication de l'Euphrate et du Tigre, s'ouvrit presque subitement pour la navigation d'une armée romaine, commandée par l'empereur Sévère. En Afrique, Trajan renouvela les travaux abandonnés des anciens rois d'Egypte, pour la communication *du Nil avec la Mer Rouge, et lui réunit ce fleuve, par un canal dont on trouve encore des vestiges* (1). L'Europe, sur-tout, présente mille monumens d'ouvrages en ce genre, dont l'existence et les ruines mêmes, impriment du respect aux Romains : en Italie, plusieurs embranchemens du Pô, qui multipliaient ses communications avec la mer ; les canaux de *Toscane*, et principalement celui de *Ravenne*, célèbre par le nom d'Auguste, son fondateur, et par son utilité; dans les Gaules, le canal de *Marius*, pour faciliter la communication du Rhône avec la mer ; celui de *Drusus*, pour joindre le Rhin à la rivière d'*Issel*, et la rendre navigable jusqu'à l'Océan septentrional. Sous l'empire de Néron, un général romain avait conçu le projet d'unir la Moselle à la Saône, et par conséquent le Rhône au Rhin : ce qui aurait fait communiquer la Méditerranée avec l'Océan, dans l'intérieur des Gaules.

Au Pérou, l'heureux empire des Incas avait créé, par son propre génie, les ouvrages de communication qui honorent les peuples les plus instruits. Dans le grand nombre des canaux de navigation de cet empire, il y en avait un de cent vingt lieues de long, et de douze pieds de profondeur.

Fixons actuellement nos regards sur la navigation intérieure des peuples modernes : nous reconnaîtrons les progrès qu'elle a faits parmi eux, et l'influence qu'elle a eue sur leur prospérité.

Un peuple fugitif se réfugie dans des lagunes inaccessibles, élève au milieu des eaux une ville superbe, domine sur les mers, attire dans son sein toutes les richesses du monde, et agrandit sa puissance sur terre, en y réunissant une partie de l'Italie. Un autre soustrait à l'invasion de la mer des terrains fangeux, pour les convertir en campagnes abondantes ; transforme des pêcheurs indigens en riches négocians, et embrasse toutes les parties de l'univers par son commerce. Ces deux

---

(1) On voit encore tracés sur la carte géographique des anciennes monarchies, dressée par MM. *Robert* et *Rollin*, en 1737, deux canaux qui communiquent de la Méditerranée à la Mer Rouge, par *le Nil*.

L'un de ces canaux est figuré à l'endroit nommé *Cophtul* ou *Aravopolis*, sur *le Nil*, et va joindre la Mer Rouge à l'endroit nommé *Macua*, au droit de l'isle *Dulaca* ou *Aphéadite*,

L'autre canal est de la pointe de la Mer Rouge ou cap d'*Arsinoë*, ou d'*Ancor*, sur les frontières d'Egypte, et va joindre *le Nil*, en basse Egypte, par un petit lac et rivière qui tombe au point de partage des deux embranchemens de ce fleuve, près *Héliopolis* ; l'un nommé *Péluse* ou *Rosette*, et l'autre nommé *Tanaïr* ou *Damiette*, qui se jettent dans la Méditerranée entre *Alexandrie* et *Jérusalem*.

Ce dernier canal est également figuré sur la carte d'Egypte, dressée par M. *Danville*, ingénieur géographe du roi, en 1738 et 1739.

On voit également sur la même carte la rivière *l'Oronte*, dans la Syrie, qui pourrait se joindre à *l'Euphrate*, par un canal qui établirait la navigation directe de la Méditerranée à la Mer des Indes, sans être obligé de passer au Cap de Bonne-Espérance, et qui, par ce moyen, racourcirait la navigation des Indes en Europe, de plus de quinze cents lieues ; de même que celui de la mer Rouge, par l'Egypte, suivant la carte d'Orient, dressée par M, *Danville*, en 1740.

peuples, en épuisant toutes les ressources de l'art, pour perfectionner leur navigation intérieure, ont établi des communications plus commodes et plus multipliées que les grands chemins, entre les villes, les bourgs et les villages, et ont réuni, par des canaux, les rivières qui les arrosent. A Venise, les canaux forment les rues: en Hollande, les grandes routes sont des canaux. En comparant l'ancienne splendeur de Venise, et la prospérité dont a joui la Hollande, on peut juger jusqu'où peut s'élever un peuple, en perfectionnant sa navigation intérieure, qui est le principe du commerce extérieur, qu'elle alimente et vivifie.

L'Angleterre a senti cette vérité, et n'a pas moins veillé, depuis plusieurs années, à perfectionner la navigation intérieure, qu'à favoriser les progrès de son commerce maritime. Après avoir rendu ses rivières navigables, elle a construit des canaux de communication entr'elles, et même entre ses ports principaux. Le monument le plus remarquable qu'elle ait exécuté en ce genre est le canal de *Bridgewater*, pour l'exploitation des mines de charbon, dans la province de Lancastre : il est creusé en partie sous une montagne, soit dans le roc, soit dans la terre, dans une étendue de deux mille cinq cents toises. Les principaux canaux exécutés ou ordonnés en Angleterre sont ceux de *Mersey* au *Trent*, du *Trent* au *Swern*, le canal *d'Oxford*, et celui de *Liverpool*.

L'Italie, qui a recueilli dans son sein les sciences et les arts, exillés par les barbares, a ressenti la première leur activité bienfaisante, dans les ouvrages que les différens peuples, éclairés avant les autres, ont érigés à la navigation intérieure. Le Milanez a commencé, dans le douzième siècle, des canaux de navigation qui sont regardés aujourd'hui comme l'ouvrage le plus parfait et le plus célèbre que l'Architecture hydraulique ait produit avant la restauration des sciences et des arts. Le Piémont jouit aussi de plusieurs canaux utiles, quoique moins anciens et moins considérables. Dans les confins de l'Italie, on a proposé la jonction du golfe Adriatique avec le Pont-Euxin, par le Danube.

L'Espagne, long-tems occupée des trésors de l'Amérique, a enfin porté ses regards sur la navigation intérieure : elle a entrepris, depuis une trentaine d'années, de grands canaux d'arrosement et de navigation.

Plusieurs souverains de l'Allemagne ont employé avec succès l'industrie de leurs peuples à créer et perfectionner leurs navigations particulières. La communication du lac Baraton avec le Danube est devenue promptement la première époque d'une navigation intéressante dans le royaume de Hongrie. La Save et le Danube ont reçu, par les soins de Joseph II, la première navigation de commerce qui réunit Vienne avec Constantinople, par la Mer Noire ; et cet Empereur avait formé le projet de joindre cette Mer avec la Mer Adriatique, par la communication du port de Trieste avec le Danube. L'ancien et célèbre projet de Charlemagne, d'unir l'Océan avec le Pont-Euxin, par la jonction du Rhin avec le Danube, a été souvent renouvelé. L'empereur Charles IV, en 1350, et plus récemment, Joseph I.er, avaient également projeté cette communication importante, par la jonction de l'Elbe avec le Danube. Le canal d'*Entreroche*, près d'*Yverdun*, commencé en 1637, dans la République de Berne, et qui pouvait faciliter une grande communication entre le Rhône et le Rhin, est resté imparfait.

La Prusse a ouvert de nouvelles communications entre la Mer d'Allemagne et la Mer Baltique, par des canaux ou des rivières rendues navigables. Dans la partie de la Pologne qui a été, lors du premier démembrement, réunie à la Prusse, le canal de Bromberg, qui facilite les transports par Stetin et Dantzick, jusqu'à la mer, et qui établit une nouvelle communication entre cette partie et la Pologne, et l'ancien territoire de la Prusse, a été commencé et fait en trois ans. La Pologne avait conçu plusieurs projets de communication entre la Mer Baltique et la Mer Noire, entre la Vistule et le Borysthène.

La Suède a souvent conçu le projet important d'ouvrir une communication entre la Mer d'Allemagne et la Mer Baltique, indépendante du détroit dangereux du Sund. Des travaux ont été commencés et abandonnés plusieurs fois, par l'extrême difficulté de rendre navigable le fleuve Gotha.

Le Danemarck a aussi apprécié les avantages d'une communication intérieure entre la Mer Baltique et l'Océan. Son gouvernement a fixé ses vues sur le canal d'*Holstein*, qui doit unir les ports de la côte occidentale avec ceux de la côte orientale, avec Lubeck, Dantzick et la Russie, et éviter une longue et dangereuse navigation.

La Russie, qui correspond par sa grande étendue à plusieurs parties du monde, et à quatre Mers différentes, la Mer Baltique, la Mer Blanche, la Mer Caspienne et la Mer Noire, a conçu et exécuté, en grande partie, de vastes projets de navigation intérieure. Le Czar Pierre Arceil a embrassé dans son plan six grands canaux, dont le premier, qui est le canal *Ladoga*, commencé en 1718, a jeté les fondemens de la communication de la Mer Caspienne avec la Baltique, par le grand lac Ladoga, qui s'unit par ce canal avec Pétersbourg. Le second, qui est le canal du *Volga*, achève cette grande communication en formant une navigation de six cents lieues, par le fleuve Volga, jusqu'à la Mer Caspienne. Il voulait étendre cette navigation jusqu'au *Don* ou *Tanaïs*, pour réunir Pétersbourg avec la Mer Noire, l'Archipel et la Méditerranée. Il avait commencé en 1707 cette importante jonction, que semble faciliter la proximité du Don et du Volga. Catherine II en a repris l'exécution en 1766, et s'est occupée sans relâche à faire ouvrir des canaux, et à rendre des rivières navigables.

APERÇU GÉNÉRAL DES CANAUX DE NAVIGATION

ANCIENS ET MODERNES DE FRANCE.

C'est à l'époque de la restauration des sciences et des arts, sous le règne immortel de François I.er, en 1515, que l'on vit renaître l'émulation pour les grandes entreprises, *et l'activité du génie toujours prête à se déployer par les seuls regards des Souverains.* On proposa de nouveau la jonction des mers, reconnue si importante, et la navigation intérieure du nord au midi de la France, par la réunion de la Saône avec la Loire, au travers du Charolois, aujourd'hui département de Saône et Loire. Ce projet, qui était l'ouvrage du célèbre Adam de Crapone (1), fut adopté par Henri II; mais les travaux déjà commencés furent interrompus par la mort de ce citoyen.

Sous le règne de Charles IX, on proposa la jonction directe de la Saône avec la Seine, par Dijon, comme plus utile à la France que celle de la Saône avec la Loire, parce qu'elle établirait une communication plus directe au travers

(1) Adam de Crapone, né à Salon, est célèbre par un grand canal d'arrosement qu'il a fait exécuter en Provence, en 1558, et qui porte son nom.

de la France, et une navigation plus commode; l'exécution de ce projet ou même sa décision fut suspendue par les circonstances malheureuses de ce règne.

Henri IV et Sully entreprirent de nouveau la jonction des mers, et après avoir balancé la grande utilité du canal de Bourgogne, avec la facilité du canal du Charolois, que l'on proposait de réunir à la capitale, en joignant la Loire à la Seine, par un canal particulier, ils adoptèrent ce projet, qui est l'origine du premier canal important et difficile que l'on ait exécuté en France.

En 1605, on décida le commencement des travaux par la construction d'un canal qui sort de la Loire, près de Briare, dont il a retenu le nom, et se réunit à la Seine, par la rivière de Loing, près de Moret; cet ouvrage utile, interrompu à la mort funeste d'Henri IV, fut repris et terminé en 1642, par le cardinal de Richelieu, et paraît être l'époque des premières écluses qu'on ait exécutées en France, pour faire monter et descendre les bateaux dans les chûtes des canaux (1).

Mais, quelqu'utile que fût ce canal, la difficulté de remonter la Loire au-dessus d'Orléans, pendant les sécheresses fréquentes de l'été, détermina dans la suite Louis XIV, à permettre à M. le duc d'Orléans, la construction d'un second canal, qui commence dans la Loire, un peu au-dessus d'Orléans, et se joint au canal de Briare, à Montargis.

Il a été construit depuis un troisième canal, joignant la rivière de Loing, qui n'est qu'une prolongation des deux autres, pour éviter les dangers de la navigation de cette rivière.

Il était réservé au règne de Louis XIV, si célèbre par l'émulation des talens et les productions du génie en tous genres, d'exécuter la première communication des mers, et le plus grand monument de navigation intérieure dont jouisse la France.

On ne peut mieux exprimer les grands avantages du canal du Languedoc, qu'en employant les expressions éloquentes d'un auteur moderne, sur ce magnifique ouvrage, presqu'au centre de l'Europe, entre l'Océan et la Méditerranée.
« La France joint, dit-il, par sa position et son étendue, aux forces d'une puis-
» sance de terre, les avantages d'une puissance maritime; elle peut transporter
» toutes ses productions d'une mer à l'autre, sans passer sous le canon menaçant
» de Gibraltar, et sous le pavillon insultant des barbaresques. Un canal, préfé-
» rable au Pactole, verse les richesses de ses plus riantes provinces, dans les
» deux mers, et les trésors des deux mers, dans ses plus belles provinces. Aucun
» peuple navigateur n'a joui d'une communication si prompte et si facile, entre
» ses ports, par ses terres, et entre ses terres, par ses ports. »

Tel est ce monument admirable de l'industrie humaine, qui suffit pour immortaliser la magnificence de Louis XIV, l'admiration du grand Colbert, et le génie de M. de Riquet, qui en a conçu le projet (2), et l'a exécuté.

La navigation du nord au midi, est aujourd'hui devenue d'une bien plus grande importance et d'une toute autre utilité, par la réunion des Pays-Bas, de la Hollande, du Hanovre et de toute la rive gauche du Rhin. Elle a en même

---

(1) Le canal de Briare a 28,200 toises de longueur, et contient 24 corps d'écluses et 41 bassins.

(2) Le canal de Languedoc a été commencé en 1661, et terminé entièrement en 1682, M. Andréossi en était le premier Ingénieur.

tems acquis de grandes facilités par la possession entière du cours des rivières de Moselle, Meuse, Sambre, Escaut, et autres moins considérables, mais d'un grand secours pour l'exécution de ce projet, reconnu par Napoléon.

L'Escaut, qui prend sa source auprès de l'abbaye du Mont-Saint-Martin, parcourt le département du Nort, jusqu'à Valenciennes, où, devenu navigable, il continue son cours à travers ceux de Jemmapes, de l'Escaut et des Deux-Nèthes, en arrosant les villes de Condé, Mortagne, Tournay, Gand et Anvers, où il se termine dans la mer.

La proximité si précieuse de trois grandes rivières a fixé l'attention particulière du Gouvernement, qui a formé le projet de les réunir entr'elles, et de perfectionner leur navigation; les travaux commencés depuis long-tems à ce sujet, sont poussés aujourd'hui avec une grande activité, et déjà en partie terminés.

Le premier canal que l'on ait exécuté dans cette province, connu sous le nom d'ancien canal de Picardie, ou canal de la Fère, est l'ouvrage de M. Crozat, pour former la jonction de la Somme avec l'Oise (1). Ce canal tire des eaux de la Somme, près Saint-Quentin, côtoye les étangs de cette rivière, jusqu'à Arthem, où il partage ses eaux, pour en conduire une branche par différentes écluses (2), jusqu'à l'Oise, vis-à-vis de Chauny, et, avant cette jonction, il arrose une nouvelle branche qui prolonge la navigation jusqu'aux faubourgs de la Fère.

Par ce premier canal, le département de la Somme a commencé de jouir d'une navigation importante, par la Seine, le canal de Briare et la Loire, avec tous les départemens qui en sont traversés, et, par la Seine et l'Yonne, avec les départemens formés de la ci-devant Bourgogne, la Bretagne, l'Anjou, et maintenant tous ceux de la Hollande, l'Italie, la Toscane, le Piémont, Florence, Rome, Gènes, le Hanovre, réunis à la France; mais cette communication concentrée dans un point du département de la Somme, ne peut vivifier son commerce avec les départemens situés plus au nord, que par la jonction de la Somme avec l'Escaut et la Meuse, et par une navigation formée dans le sein de la Somme, ou sur ses bords. L'ancien Gouvernement, convaincu de l'importance de ce double projet, en a confié l'examen et l'exécution (3) à M. Laurent, célèbre par des monumens de génie et de zèle, qui rendent son nom également recommandable, dans plusieurs départemens du nord de la France. Il a été confirmé par Napoléon I.er, qui en a ordonné la confection.

Les navigations intérieures se multiplient de toutes parts dans les départemens septentrionaux; l'Aa, la Lys et la Scarpe avaient été converties en rivières navigables; des canaux unissaient ces nouvelles navigations, qui devaient s'étendre encore par leur jonction au canal de la Sembre.

C'est d'après l'examen le plus réfléchi de ces différens projets, que le canal de Picardie fut adopté (4), et les travaux commencés sous la direction de

---

(1) Ce canal, commencé en 1728, a été rendu navigable en 1738, le Roi en fit l'acquisition en 1737, et le réunit à son domaine.

(2) Ces écluses sont celles de Pont-Jussy, Voyaux, Fargerières, Tergny, Viri et Sénicourt.

(3) Arrêt du Conseil des 24 février 1769, et 18 mai 1770.

(4) Par arrêt du conseil, en date du 29 février 1769, qui ordonne aussi les travaux à faire pour rendre l'Escaut navigable, depuis les limites de la Picardie jusqu'à Valenciennes.

M. Laurent. La tête du canal est placée de Saint-Quentin, d'où il s'étend au couchant, pour entrer sous la montagne, près du village de Lesdin, à quatre milles de Saint-Quentin.

Si la critique la plus sévère a su répandre des doutes sur ce monument mémorable, et en a fait suspendre les travaux, après la mort de son auteur; si les suffrages réunis d'obervateurs éclairés de toutes les nations (1) n'ont pu le soustraire entièrement à la fatalité qui poursuit les grandes entreprises; il reçoit, enfin, aujourd'hui un nouvel éclat envers ses auteurs, par la reconnaissance nationale, et par la prospérité du commerce, qu'il va fructifier dans toute l'Europe.

TERMINAISON DU CANAL DE L'ESCAUT,

OU DE SAINT-QENTIN A CAMBRAY.

Ce fut en janvier 1801, que l'Empereur voulut reconnaître lui-même la position du canal de Saint-Quentin; il se rendit sur les lieux, et donna des ordres pour que les anciens projets de direction fussent examinés de nouveau par des Ingénieurs des ponts et chaussées.

L'assemblée des ponts et chaussées reconnut d'abord que tous les projets proposés devaient être écartés, à l'exception de ceux de MM. Laurent et Devic, qui lui parurent les seuls susceptibles d'une discussion approfondie.

Après avoir constaté que par l'une et l'autre direction on obtiendrait une navigation sûre et des eaux abondantes, l'assemblée, sans donner l'exclusion au canal Laurent, présenta, comme deux puissants motifs en faveur de celui de l'Ingénieur Devic, une économie de plus d'un million, une réduction de moitié dans la navigation souterraine. Le Gouvernement ordonna que le corps des ponts et chaussée, prononçât affirmativement pour l'un ou l'autre projet. En conséquence, des opérations nouvelles furent faites sur le terrain, et, après une discussion prolongée dans plusieurs séances, la majorité de l'assemblée *se prononça en faveur de la continuation du canal Laurent;* cependant, l'avis contraire ayant été soutenu avec beaucoup de chaleur, par la minorité de l'assemblée, et des mémoires très-forts de raisonnemens ayant été publiés à l'appui de cette opinion, l'Empereur ordonna que l'Institut national serait consulté.

L'Institut, après un examen approfondi, n'hésita pas à déclarer, en reproduisant les motifs de préférence déjà énoncés par le Conseil des ponts et chaussées, que la direction proposée par *l'Ingénieur Devic, était la plus avantageuse.*

Le 30 juillet 1802, Sa Majesté confirma l'avis de l'Institut, et ordonna que le canal de Saint-Quentin à Cambray, serait dirigé par Omissi, le Tronquoi, Bellenglise Riqueval et Macquincourt.

C'est d'après cette direction qu'a été ouvert, après sept années de travaux, le canal qui joint maintenant la Somme à l'Escaut, entre Saint-Quentin et Cambray, sur une longueur de 52,552 mètres de développement : il est alimenté par la Somme et l'Escaut, indépendamment des eaux fournies par les filtrations souterraines.

La partie qui remonte de Saint-Quentin au bief de partage, présente une longueur de 7,600 mètres, depuis l'embranchement avec le canal *Crozat*, jusqu'à

(1) L'Empereur, sous le nom de comte de Falkenstein, visita le canal souterrain, le 28 juillet 1781.

l'écluse du Tronquoi, qui retient les eaux du bief de partage. Sa pente, qui est de 10 mètres 22 centimètres, est rachetée par cinq écluses placées à Saint-Quentin, au Moulin-Brûlé, à Omissi; et toutes les autres écluses ont 2 mètres 18 centimètres, à 2 mètres 30 centimètres de chûte.

Les dimensions des ponts et ponceaux, celles des aqueducs, ainsi que leurs formes, sont subordonnées aux localités et aux besoins. Des souterrains ont 8 mètres d'ouverture, et sont terminés, à leurs extrémités, par deux entrées en pierres de taille, qui se ferment exactement pendant les gelées.

Le percement de ces deux galeries a éprouvé de grands obstacles d'exécution, dont les principaux ont été produits par l'abondance des eaux souterraines, qui, dans le point le plus élevé, se sont trouvées à 13 ou 14 mètres au-dessus du niveau déterminé par le fond du canal.

Ces difficultés ont été vaincues par des procédés très-ingénieux, dont l'invention et le succès sont dûs à M. Gayant, Inspecteur divisionnaire des ponts et chaussées, qui a dirigé tous les travaux, avec autant de sagesse que d'économie. Le titre d'Officier de la Légion d'Honneur, et une pension de 6,000 fr. sont les témoignages honorables de satisfaction, dont S. M. s'est plue à récompenser cet habile Ingénieur. Il a été secondé par M. Bézin, Ingénieur en chef, et M. Lenglis, Ingénieur ordinaire, qui ont fait preuve, sous ses ordres, de talent et de zèle.

Le canal de Saint Quentin, à-peu-près achevé en 1809, a été livré à la navigation à la fin de 1810. Les six premiers bateaux partis de Cambray, sont arrivés à Paris, avec un chargement de charbon de terre, le 9 novembre 1810, jour anniversaire *du 18 brumaire :* ils ont été reçus avec grande cérémonie.

RÉSUMÉ.

Enfin, le traité d'Amiens semblait avoir consolidé la tranquillité de l'Europe, dont celui de Lunéville avait posé les bases; la France, depuis long-tems déchirée au-dedans et au-dehors, victorieuse de tous côtés, goûtait les douceurs du calme, à l'ombre de ses lauriers. Les arts et le commerce renaissaient; les canaux de navigation, destinés à répandre l'abondance sur tous les points de la république, étaient devenus l'objet spécial des soins du Gouvernement; tous les départemens s'attendaient à jouir de ce précieux avantage, autant que le permettait leur situation locale, et ils ont vu réaliser le commencement de leurs espérances. Des canaux commencés et interrompus ont reçu une nouvelle activité; d'autres, dont il n'existait que le plan, ont été mis en exécution; partout s'élevaient des monumens d'une utilité reconnue, qui attestaient la sollicitude du chef de l'État pour sa prospérité, lorsque l'Angleterre, violant des engagemens contractés devant tous les peuples, a rallumé le feu de la guerre.

Si, comme on l'espère encore, la vue d'un danger certain inspire au gouvernement anglais des sentimens de modération, qui préviennent l'effusion du sang, le noble élan de la France ne sera point inutile; les sacrifices volontaires auxquels elle s'est soumise, pour faciliter au premier Empereur de l'Europe les moyens de diriger sûrement la vengeance nationale, seront consacrés à la création d'une marine propre à protéger efficacement son commerce extérieur, à donner une nouvelle extension à celui du dedans, et à accélérer l'exécution des canaux destinés à en étendre les avantages jusqu'aux parties les plus réculées du sol français.

DESSÉCHEMENT DES MARAIS,

OU

NOUVEAU MODE D'ADMINISTRATION PROPOSÉ POUR CET OBJET,

PAR

Un Ingénieur en chef des Ponts et Chaussées de France;

SUIVI

De plusieurs autres Articles intéressants, sur la confection de divers grands et petits Canaux de navigation, Ponts et Chaussées à établir dans l'intérieur de l'Empire, comme objets de première nécessité publique.

UNE infinité de Plans et de Projets ont été présentés depuis plusieurs siècles, sur l'intérêt et l'avantage des dessécheurs des marais en général du territoire français; plusieurs lois et décrets ont déjà été publiés à ce sujet, sans le succès qu'on avait lieu d'en espérer: cependant, déjà une grande partie de ces travaux ont été mis en activité par ordre de Napoléon premier.

Mais un objet de ce genre, qui paraît mériter l'attention du Gouvernement, ce sont les marais de l'Authion, dans l'Anjou, département de Maine et Loire, pour lesquels une infinité de Pétitions et Mémoires ont été présentés, et sont demeurés sans exécution, bien qu'ils observassent cependant que l'avantage de ces mêmes desséchements serait de rendre à l'agriculture cinq mille arpents ou deux mille cinq cents hectares des meilleures terres de cette province, qui sont inondés tous les ans par les eaux et qui occasionnent des maladies épidémiques aux habitants de cette belle contrée.

Une Compagnie paraît avoir fait récemment diverses propositions pour faire ces desséchements, vers l'année 1807. Un Mémoire imprimé, au nom des habitants et propriétaires riverains de ces marais, et publié par Messieurs *F. M. Danquetil*, *Gautret*, *Rorgeron*, *Guérin*, *Pivardière*, comme Commissaires du desséchement, et *Comunau-Lévêque*, Commissaire spécial nommés par les Maires des communes riveraines de cesdits marais, commençant par ces mots : *La petite rivière de l'Authion traverse vingt-cinq communes, &c.* et finissant par ceux-ci : *Arrêté à Angers, au nom des habitants et propriétaires de la vallée de l'Authion, par la Commission provisoire nommée en l'assemblée des Maires, tenue dans le palais de la Préfecture, le 24 novembre 1807, ce premier janvier 1809* ; un nouveau Mémoire, par les mêmes, commencé par ces mots : *Tandis que les communes propriétaires et les habitants de la vallée de l'Authion s'occupaient, &c.*, et fini par ceux-ci : *Qui nous précipiterait vers notre ruine.* Ce Mémoire contient diverses observations contre la Compagnie qui s'est proposée pour cette entreprise, et rapporte les époques des différentes ordonnances et arrêtés qui ont eu lieu à ce sujet sous l'ancien régime, concernant le droit de propriété de ce même marais : les divers Plans et Mémoires qui ont eu lieu à ce sujet sont, dit-il, égarés. Cette Commission propose de faire la vente d'une partie des biens communaux, pour subvenir aux dépenses nécessaires à faire pour les nouveaux plans et devis relatifs à ces desséchements. Ces mêmes Commissaires les estiment quatre cents mille francs. Ils demandent d'aliéner deux cents hectares desdits biens communaux, et l'autorisation d'établir, jusqu'à la concurrence de quinze mille francs, une contribution au marc franc, pour cet objet, entre les communes ; enfin, la communication des plans conçus par la Compagnie *Moreau*.

Sans prétendre ici influencer sur les prétentions de chacun, nous nous résumons par transmettre à nos lecteurs l'extrait d'un Mémoire qui nous a paru très-bien fait, par l'Ingénieur *Gouri*, contenant les moyens d'un nouveau mode d'administration pour ce même objet, ainsi conçu :

Rapport sur le Desséchement des Marais.

Le desséchement des marais de l'Authion (1), dit M. *Gouri*, n'est plus une question indécise ; sa possibilité, sa facilité même sont reconnues depuis long-temps. Les moyens d'exécution ont tant de fois été examinés et jugés

(1) L'Authion coule parallèlement à la Loire, au pied du côteau septentrional qui borde la précieuse vallée d'Anjou. Son embouchure actuelle dans la Loire se fait au-dessus et près des ponts de Cé. Les crues du fleuve refoulent l'Authion et s'y élèvent jusqu'à six mètres au-dessus du radier du pont de Sorges, qui traverse cette rivière à 3000 mètres de son embouchure.

Le ci-devant comte Dessuiles avait imaginé de transférer l'embouchure de l'Authion près de Sainte-Gemmes, à 1800 mètres en aval des ponts de Cé. Ce transfert eût promis le succès le plus évident pour opérer le desséchement de la vallée qui borde cette rivière, succès, d'ailleurs, confirmé par les résultats concordants de toutes les opérations et les marques faites jusqu'à ce jour.

L'Authion, depuis Bourgueil jusqu'à la grande vallée de Vivi, formant la route de Saumur à Longué, est tellement divisé dans son cours et si peu considérable, qu'on doit regarder cette partie supérieure comme un simple ruisseau dont le curage est une obligation des riverains, et dont le redressement est inutile, parce qu'il suffira de l'entretenir annuellement pour assurer la bonification des terreins adjacents, lorsqu'on aura procuré à ses eaux un débouché constant dans les parties inférieures. Les opérations relatives au desséchement ne seront donc applicables que depuis la grande levée de Vivi jusqu'à Sainte-Gemmes, sur une longueur d'environ cinq myriamètres.

infaillibles, qu'ils ne sont pas moins évidents : ils sont, d'ailleurs, consacrés à l'approbation récente de M. le Conseiller-d'Etat Directeur général des ponts et chaussées, canaux et rivières navigables. Il est donc inutile de les relater davantage, ni de rappeller les diverses tentatives qu'on a faites, à des époques reculées, pour activer l'opération dont il s'agit; et l'on ne doit plus traiter cette affaire importante, que sous les rapports qui semblent présenter encore quelques difficultés à surmonter.

Il est arrêté en principe qu'une partie des terreins paiera le desséchement et l'amélioration du reste. Il ne s'agit donc plus que des moyens d'atteindre le but proposé; de fournir au Gouvernement les matériaux, les données d'une concession qui doive assurer la consommation d'une entreprise depuis long-temps desirée. Ces moyens consistent :

1.° Dans la reconnaissance, la confrontation de toutes les propriétés communales et particulières, connues sous la dénomination de marais, c'est-à-dire, *les terreins qui se trouvent ordinairement inondés, et conséquemment sans produit, quand l'Authion est rentré dans son lit et contenu dans ses bornes naturelles*. Ce travail, vraiment difficile, mais purement administratif, est aussi pressant qu'indispensable. Ce ne sera, pour ainsi dire, qu'un démêlé formel entre les communes titulaires et les différents propriétaires contigus.

Les matrices des rôles de contributions annuelles devront, ce me semble, faciliter ce travail. Il sera suivi d'une répartition indicative et locale des portions à distraire pour former, par exemple, environ les deux tiers réduits de la superficie totale, qui doivent être abandonnés aux concessionnaires; répartitions à faire, par lots contigus, les plus grands possibles et dans les plus bas marais actuels, pricipalement pour les communs, afin de simplifier l'opération et d'écarter des sujets de contestations futures, en diminuant les divisions mitoyennes, et coséquemment les servitudes réciproques.

2.° A poser les bases d'une concession, c'est-à-dire, à dresser le projet de convention qui devra se faire entre le Gouvernement et une Compagnie d'actionnaires, pour la garantie des intérêts publics et particuliers, dans l'exécution des travaux qui seront ordonnés, et auxquels la Compagnie devra se conformer.

Le tout, soumis à l'approbation du Gouvernement et sanctionné par lui.

Les opérations proposées et commencées pour ces mêmes desséchements, puis manquées à diverses époques, par le seul défaut de principe, ont jeté une telle défiance dans l'esprit des habitants riverains de l'Authion, qu'ils s'alarment désormais au premier bruit de cette entreprise.

Mode administratif à suivre pour le succès de l'entreprise des desséchements à faire.

Le succès de l'opération dont il s'agit tient donc à deux moyens essentiels et principaux, pour l'exécution desquels le Gouvernement doit user de toute son autorité, en déployant le caractère le plus ferme.

Le premier moyen consiste dans la formation et l'autorisation d'une Compagnie d'actionnaires, riches propriétaires dans le pays, et dont la fortune ainsi que la moralité présentent au Gouvernement une garantie suffisante et relative à la valeur des terreins dont la propriété doit suivre l'accomplissement de leurs engagements.

Le second moyen, qui doit conquérir la confiance entière en la Compagnie, et rassurer l'esprit inquiet des propriétaires riverains de l'Authion, consiste dans la double certitude du mode rénumérateur, et de l'accomplissement exact des engagements de cette Compagnie; dans le réglement formel qui prononcera, avec autant de fermeté que de franchise, la garantie évidente du travail et de la propriété; de manière que celle-ci ne puisse devenir que la récompense de l'autre. Ces deux moyens, indispensables pour éviter désormais toutes les entraves, les discussions, les retards et les mal-façons qui ont eu lieu jusqu'à présent, méritent quelques développements.

L'essentiel est que le Gouvernement veuille, d'une manière très-positive, l'exécution du travail. Sa volonté bien prononcée suffira pour disposer tous les esprits et pour les restreindre au desir d'être complétement satisfaits par les conditions définitives.

Il ne faut pas qu'il renonce à l'initiative de cette entreprise, et se borne à faire l'abandon de ses droits en faveur des concessionnaires. En ordonnant l'opération dont le succès, dont les avantages sont de la plus grande évidence, il doit déclarer qu'elle sera par lui, non-seulement protégée, mais encore régie, administrée et précisée, comme il le fait pour tous les autres travaux de grande importance; qu'à cette fin les Ingénieurs des ponts et chaussées seront seuls chargés de rédiger les projets, suivant toutes les règles de l'art; que les devis et les détails estimatifs des dépenses à faire seront par eux dressés, d'après les plans particuliers des travaux et de l'ensemble du canal; que l'exécution en sera dirigée par l'Igénieur qu'il plaira au Gouvernement de désigner spécialement; que la Compagnie sera tenue de se conformer, ainsi qu'un simple entrepreneur, à tout ce qui sera ordonné concernant la construction et tous les ouvrages en général, sans pouvoir, sous aucun prétexte, rien changer, augmenter ou diminuer aux devis, ni déroger aux instructions dudit Ingénieur; et qu'en tout ce qui aura rapport à cet objet, les concessionnaires ne pourront être regardés que comme des bailleurs de fonds : ils pourront cependant adjuger les travaux à des sous-entrepreneurs, et la seule diminution à laquelle la Compagnie pourra prétendre des prix de l'estimation, ne sera que le résultat de la concurrence qui s'établira lors des adjudications. D'après cette règle, la Compagnie aura tout intérêt et droit de forcer lesdits sous-entrepreneurs à une exécution fidèle de ce qui leur aura été prescrit.

La durée de l'exécution doit être fixée conformément à l'avis de l'assemblée des ponts et chaussées, pour un temps limité, en raison de l'étendue et de la quantité de travaux qui seront déterminés, et dont l'exécution sera ordonnée.

La Compagnie sera tenue de faire connaître tous les ans au Gouvernement, à la suite de chaque campagne, la situation exacte des ouvrages et des dépenses de cet exercice, par un état certifié de l'Ingénieur, visé par le Préfet, et accompagné des pièces justificatives qui pourraient être nécessaires. Cet état de situation sera suivi d'un état sommaire des ouvrages et dépenses à faire pour la campagne suivante; en sorte que la Compagnie sera obligée d'aviser aux fonds convenables, pendant le temps où les travaux seront suspendus par la mauvaise saison : avant leur reprise, elle justifiera des sommes destinées pour cet effet, et de même, d'année en année, jusqu'à la fin de l'exécution.

Ces clauses doivent être observées avec d'autant plus de rigueur, que le Gouvernement s'assurera ainsi d'une exécution suivie. Les actionnaires eux-mêmes, y trouvant le détail exact de la dépensé annuelle, faciliterònt par là les comptes mutuels qu'ils auront à se rendre; et ces pièces, formellement dressées, pourront régler d'une manière légale et positive les droits respectifs de tous les intéressés, tant actifs que passifs.

Mode pour les indemnités.

Les soins, les démarches et les avances considérables auxquels la Compagnie doit s'engager, ne peuvent être exigés qu'en lui assurant *une indemnité* ou récompense proportionnée. Mais comme le moyen rénumérateur réside dans la propriété de ceux qui recevront tout l'avantage du desséchement, et même de la navigation, le Gouvernement seul peut le tirer de leurs mains impuissantes, et payer ainsi le bien-être qu'ils ne peuvent opérer par eux-mêmes, à ceux qui le leur procureront. Lui seul, duquel émane l'autorité et la justice, possède tous les moyens de persuasion et de confiance; tandis qu'une société de particuliers ne peut inspirer au public que de la méfiance, et s'attirer l'animadversion de ceux qui lui devront la récompense d'un bienfait. Cette idée nous fait insister sur la considération émise plus haut : qu'il importe, pour la réussite de l'entreprise dont il est question, que le Gouvernement ne cherche point à s'isoler de la Société qu'il aura adoptée. Il faut qu'il prenne, au contraire, tous les moyens pour en soutenir le crédit et pour en augmenter la considération. Il faut qu'il se constitue, tantôt défenseur, tantôt juge, et qu'il se charge de prononcer lui même, par la voie administrative, sur toutes les contestations qui pourraient survenir entre les Commissaires et les particuliers. Si toutes les obligations qui leur seront imposées appellent la sévérité et la rigueur, ils auront droit à la protection du pouvoir suprême, lorsqu'ils se seront acquittés de leurs engagemens.

Manière de statuer sur la portion des terreins qui devront faire partie de ceux qui seront dans le cas d'être abandonnés à la Compagnie ou aux entrepreneurs des desséchemens.

Pour assurer aux concessionnaires une récompense fixe et proportionnée aux grandes dépenses qu'on exigera d'eux, il faudra statuer définitivement sur la quantité d'hectares qui seront le gage immuable de l'opération, et devront être abandonnés à la Compagnie en toute propriété et à perpétuité. On fixera pareillement la situation et la démarcation de ces terreins. D'après les motifs énoncés dans le rapport du 16 floréal dernier, *il suffira d'y affecter 1,800 hectares*, formant moins des deux tiers de la totalité des marais. *Leur situation sera celle des plus bas marais actuels.* Cette clause est nécessaire; premièrement, pour écarter toute ressemblance de la nouvelle opération avec l'ancienne, où les concessionnaires commencèrent par s'emparer des meilleurs terreins; secondement, pour alimenter le zèle et l'intérêt de la nouvelle Compagnie jusqu'à la fin des travaux, en faisant dépendre la valeur des terreins qui lui seront promis, de la consommation et de la bonne conduite de leur entreprise. C'est pour ce motif que la Compagnie ne devra entrer en possession qu'à cette époque, après la réception définitive de tous les ouvrages.

Lors donc que, par le relevé du procès-verbal de bornage, et son homologation, le Gouvernement sera assuré de la quantité et de la situation des marais qui seront réservés à la Compagnie, il conviendra qu'il en prenne de suite possession, en son nom, sauf à en laisser provisoirement la jouissance aux propriétaires actuels et aux communes. Cette mesure est une des plus importantes pour assurer la tranquillité pendant l'exécution. Par elle, les concessionnaires ne seront point livrés au caprice, à l'ingratitude, à l'insouciance de certains propriétaires, pour le bien général; et les propriétaires eux-mêmes ne craindront plus une expropriation infructueuse, ni le charlatanisme d'une société avide de gain, qui serait naturellement portée à diminuer ses sacrifices pour augmenter ses profits.

Il ne reste plus que des considérations secondaires, mais capables de maintenir une activité desirable dans le cours de cette affaire. Elles tiennent à quelques priviléges et permissions exclusives, sans lesquels on serait arrêté fréquemment; par exemple: *lorsqu'il s'agira de s'emparer d'une carrière, de pratiquer des chemins, de transporter sur une propriété étrangère, de former des dépôts, des approvisionnements nécessaires aux constructions*, on verra l'intérêt particulier s'opposer aux dispositions de l'intérêt général; le propriétaire se croira toujours fondé à susciter des tracasseries, des entraves préjudiciables aux travaux; un réglement devra prévenir ces inconvénients.

Il faut que la loi soit égale pour tous, mais que rien ne puisse être changé aux arrêtés qui seront pris en première instance, à moins qu'un cas singulier ne présentât une injustice évidente.

Telles sont les considérations principales qu'on a cru les plus propres à remplir l'objet proposé; celles qui ont motivé les différents articles du Réglement ou Projet de concession que nous avons rédigé, dont l'ensemble est dicté par l'expérience du passé, autant que par le desir de voir réussir une opération utile et salutaire.

Nota. Enfin, il paraît que, d'après plusieurs avis, on pourrait également faire le desséchement des marais de l'Authion par deux canaux séparés. Un qui viendrait joindre la Mayenne, au-dessus d'Angers, par un vallon qui traverse la route de Paris, vallon que la nature semble avoir formé pour cet objet, puisque les eaux mêmes de l'Authion refluent par cet endroit, lors de ses crues. L'autre canal serait pour la partie basse, suivant l'ancien projet de M. *Dessuiles*, qui procurerait le desséchement général desdits marais. Quant aux droits de propriété, l'Inspecteur des Domaines de Saumur, M. *Parint*, pourrait être consulté, comme ayant une infinité de pièces et Mémoires qui sont relatifs à cet objet. Enfin, le mode proposé, par M. *Gouri* pourrait servir également pour toute autre entreprise de ce genre.

Pont-de-Cé, sur la Loire.

S'il est un pont réellement utile et nécessaire pour le passage des voitures et des voyageurs par les nouvelles routes de la Vendée qui aboutissent maintenant à cet endroit, c'est *le Pont-de-Cé*, construit à une lieue d'Angers, sur la Loire.

Ce pont, qui a près de 2,000 mètres ou une demi-lieue de long et qui est de forme irrégulière, a besoin de subir un grand changement, en raison du passage très-fréquent qui s'y fait actuellement.

Le premier changement à faire serait d'élever le cintre ou les planchers en bois de quelques arches, où on jugerait le plus convenable, pour que la navigation ne fût jamais interrompue; le deuxième, serait de l'élargir, pour rendre le passage plus facile, ainsi qu'on a déjà commencé dans plusieurs endroits de la chaussée;

le troisième, serait de relever le sol du pavé de ce bourg à la hauteur des plus grandes eaux, et rendre la route droite de ce lieu à Angers.

Pont-Sainte-Gemmes, projété.

Divers plans et projets ont été proposés pour construire un nouveau pont sur la Loire, au bourg de Sainte-Gemmes, à environ six mille mètres au-dessus d'Angers, à l'effet de remplacer le susdit Pont-de-Cé, sous le rapport, 1.° que la Loire est bien moins large en cet endroit; 2.°, que, par conséquent, le pont serait moins long; 3.°, qu'il coûterait bien moins d'entretien.

Mais il paraît que le pont de Sainte-Gemmes projeté, ayant été évalué de 7 à 8 millions de construction, cela a fait que, jusqu'à ce jour, il n'a pas eu d'exécution. D'un autre côté, il a été observé que la ville et bourg du Pont-de-Cé contient aujourd'hui un population de cinq mille âmes, et que les routes nouvellement formées dans le département de la Vendée et autres limitrophes, venant directement communiquer par ce même endroit, rendent conséquemment plus fréquent le passage de cedit pont. Ces considérations paraissent avoir fait décider que le Pont-de-Cé, très anciennement construit, restera encore fort long-temps dans sa place actuelle, et que celui de Sainte-Gemmes projeté ne sera pas de sitôt entrepris, quoique mieux situé.

Précis des avantages qui résulteraient de la confection de plusieurs Canaux de navigation dans l'intérieur de l'Empire, anciennement et nouvellement projetés, et, entr'autres, de celui d'Eure et Loir.

La France est le plus beau pays de l'Europe; son territoire, le plus fertile en tous genres, le plus peuplé et le mieux arrosé par des fleuves et des rivières faciles à être rendus navigables des uns dans les autres, au moyen de canaux par écluses; les uns semblables à celui des deux mers, ci-devant Languedoc, et les autres, à ceux de la Hollande.

Un canal qui paraîtrait facile à confectionner, et qui serait d'un grand avantage pour l'intérieur de la France, serait celui qui unirait *l'Eure* et *le Loir*. Par la jonction de ces deux rivières, on établirait une navigation directe de Nantes à Paris, Rouen, le Havre, Dieppe, Amiens, Bruxelles, Gand, Dunkeuque et dans toute la Hollande, par Angers, le Mans, Chartres, Évreux et Anvers, au moyen du canal de l'Escaut, qui communique maintenant à la Seine par l'Oise et Saint-Quentin, en Picardie, département de l'Aisne.

La direction du canal d'*Eure et Loir* serait d'Angers à Durtal, la Flèche, Château-du-Loir, Vendômes, Clois, Château-Dun, Bonnevalle et Alluis *sur Loir*; ensuite, sa jonction avec *l'Eure* serait de vingt mille mètres ou cinq lieues de canal à faire à neuf, *presque tout formé* par un vallon où coulent, plus de quatre mois de l'année, des torrents d'eau provenant des pluies et fontes de neiges qui inondent plus de dix mille arpents des meilleures récoltes de la Bauce. Ce canal passerait par les vallées de Saint-Germain, Bouville, Luplanté, Saint-Loup, Minières, et joindrait *l'Eure* au bourg de Thivars; continuerait ensuite son cours par Chartres, Maintenon, Nogent, Chérisi près Dreux, Ivry et Pacy, où un bassin de partage serait formé, pour, d'un côté, joindre *la Seine*, suivant le cours de *l'Eure*, près le Pont de l'Arche, passant à Louvier; de l'autre, par un canal particulier qui serait formé et alimenté d'une portion des eaux de *l'Eure* ci-dessus mentionnée, depuis Pacy jusqu'au port de Villier, dans *la Seine*, au-dessus de Vernon.

Cette direction de canal se continuerait par Saint Clair, Gisors et Gournay *sur l'Epte*, Gaille-Fontaine, Neuf-Châtel et Bure *sur la Bethune*, qui se jète dans *l'Arques*, à Arques même, près Dieppe.

Ces canaux étant ainsi exécutés et confectionnés, établiraient une navigation de plus de deux cents lieues directes dans l'intérieur du territoire le plus fertile de la France.

Autres Canaux à faire, pour communiquer avec ceux d'Eure et Loir susdits.

Un autre canal, également intéressant pour ces mêmes contrées, serait la jonction des rivières de *l'Huigne* et de *l'Eure* par un canal particulier à faire dans le ci-devant Perche, qui, par conséquent, communiquerait avec celui d'*Eure et Loir*, par Nogent-le-Rotrou, la Ferté-Bernard, le Mans, Malicorne, Nogent, Sablé, Château-neuf et autres lieux ci-dessus cités.

Ces trois rivières suffisent pour alimenter en tous temps leurs canaux par écluses, et pour continuer à faire tourner la même quantité de moulins qui y sont maintenant établis, en faisant les changements nécessaires à la confection desdits canaux. *L'Eure* a sa source près Mortagne, en Perche, département de l'Orne, où se rassemblent les eaux de plusieurs étangs qui forment de suite une espèce de torrent très-rapide, situés près les villages de la Lende et de Neuilly, et passe au long de la forêt de Cenonche. Elle reçoit *la Voise*, *l'Ouille*, *la Blaise*, *l'Aure*, *la Vesgre* et *l'Iton*, puis elle va se perdre dans *la Seine*, près le Pont de l'Arche. *Le Loir* naît aussi dans le Perche, près Cernay, entre Illier et Courville, département d'Eure et Loir. Il reçoit *l'Ozanne*, *la Connies*, *la Bray*, *la Veuve* et *la Fare*, puis se décharge dans *la Sarte*, à deux lieues au dessus d'Angers. Et *l'Huigne* prend sa source entre les villages de Moulicent et le Mage, au-dessus de Remalard, département de l'Orne.

Ces trois rivières étant ainsi rendues navigables, il pourrait encore y avoir plusieurs communications : Premièrement, par *l'Iton*, qui passe à Breteuil, Damville, Villalet, où un ruisseau vient des Couchés, près la forêt de ce nom, passe à Évreux et tombe dans *l'Eure*, au-dessus Louvier; secondement, par *la Sarte*, qui passe à Alençon et au Mans, et va joindre *le Loir*, près Angers. Enfin, si tous ces projets étaient exécutés, quels avantages les plus petits bourgs et hameaux de ces pays ne retireraient-ils pas par les communications faciles qu'ils procureraient à leurs productions et à leur commerce général, de même qu'à toutes les villes déja citées !

La confection du canal de *l'Eure et Loir* fut proposée par M. *Joubert de Villemaret;* les plans en ont été levés par ordre de la Cour en 1739, et il fit imprimer un Mémoire en 1756, pour en démontrer tous les avantages. Depuis 1789 ce même projet a été de nouveau presenté par plusieurs auteurs. M. *Hoüard de Vert* a fait un Mémoire imprimé qui se trouve dans les archives de la ville de Paris, de 1791, et qui a été déposé *au Point central des arts et métiers*, séant au Palais du Louvre, *sur les avantages qui résulteraient de la confection de ce même canal.*

On observe que ces deux rivières parcourent un pays très-fertile en bled, vin, cidre, bois, foin et pâturages; qu'il y croît beaucoup de bestiaux; qu'on y trouve des carrières de marbre, de pierre, d'ardoise et de charbon de terre de diverses qualités; que ces mêmes rivières communiquent à la Mayenne, à l'Aude, à l'Huigne, à la Sarte, à la Loire, par laquelle remontent tous les sels des départements de la Loire inférieure et de la Vendée, et que, par conséquent, ce canal fructifierait le commerce dans la Bauce, le Perche, le Dunois, le Vendômois, le Maine, la Touraine, l'Anjou, la Bretagne, la Normandie, la Picardie, et même le Poitou et le Berry, par les canaux du Cher et du Clin anciennement projetés.

Maintenant, que la Russie, l'Allemagne, l'Italie et l'Espagne annoncent ne faire qu'une seule volonté avec la France, on pourrait établir des moyens de communication intérieure, par eau, de l'extrémité nord au midi de l'Europe, en franchissant les Pyrennées par des canaux et des écluses semblables à la navigation du canal des deux mers, conçu et exécuté par le célèbre *Riquet*, sous le règne de *Louis XIV* et de *Colbert* son grand Ministre : précieux travail, qui ne cessera d'honorer leur mémoire !

NOTE PARTICULIÈRE
SUR
LE CANAL DE L'OURCQ, A PARIS.

M. LAMBERT DE BELLAN dit, dans le *Moniteur* :

Que ce canal aura 10 mètres de largeur de plafond, 2 mètres 50 centimètres de profondeur dans sa plus grande partie; que, dans son développement jusqu'à Paris, on compte environ 24 lieues communes, à cause de toutes les sinuosités que la nature du terrain a exigées, et de toutes les prises d'eau latérales que l'on a voulu y faire entrer. Les principales communes qui se trouvent sur sa route, depuis celle de Mareuil, sont : Neufchelles, Echamper, Lizi, Grégi, Meaux, Villemoie, Charmantre, Claye, d'où il descend à Servan, par le bois de Saint-Denis; ensuite de Servan, à Lafolie, par la forêt de Bondi, et se termine à la Villette, où commence le grand bassin destiné à servir de gare et de port pour tous les bateaux employés à la navigation ; il y aura encore une vingtaine de petits bassins, de distance en distance, pour servir à la station des bateaux dans les endroits les plus favorables au commerce et à l'approvisionnement de Paris. Quant aux rivières et ruisseaux destinés à alimenter le canal, il y en a cinq principaux, savoir :

1.° La rivière d'Ourcq, prise à Mareuil;
2.° La Grinette, affluant de l'Ourcq;
3.° Le ruisseau de May, affluant de l'Ourcq;
4.° La Thérouenne, affluant de la Marne;
5.° Enfin, la Beuvrone, aussi affluant de la Marne, sans compter le produit de plusieurs sources prises dans le bois de Saint-Denis, et dans la forêt de Bondi.

Il y aura beaucoup d'autres ouvrages d'art, comme écluses, déversoirs, murs de soutenemens, aqueducs, pour le passage des eaux sauvages et pluviales sous le fond du canal. Ce magnifique ouvrage est déjà terminé aux trois quarts, c'est-à-dire, dans l'espace de 18 à 19 lieues, et la partie la plus difficile est faite, puisqu'au plateau d'où les eaux coulent, à droite, dans la Seine, et à gauche, dans la Marne, il a fallu creuser le lit du canal, avec ses chemins de hallage, à près de 40 pieds de profondeur et dans une étendue assez considérable. Que le grand bassin construit près la Villette forme un rectangle de 720 mètres de long, sur 60 de large, et 3 de profondeur, avec une levée au pourtour, qui a 25 mètres de largeur. Aux deux angles de ce parallélogramme, du côté de Paris, on a pratiqué l'embouchure de deux petits canaux, dont l'un, à l'est, servira pour les écluses qui doivent descendre les bateaux dans les fossés de l'Arsenal, et l'autre, à l'ouest, sera destiné pour les filtres et les tuyaux qui doivent diriger les eaux dans tous les réservoirs et fontaines publiques, à la hauteur d'environ 60 pieds du point de leur départ.

La quantié moyenne des eaux que fournira le canal de l'Ourcq, sera de 13,500 pouces de fontainier, ce qui équivaut à 260,820 kilolitres par jour, et ce qui est, comme on voit, bien au-dessus des aqueducs de Rome (1).

Quant aux eaux de la Beuvrone, et de plusieurs autres petites sources latérales, prises dans la partie du canal achevée, du côté de Paris, elles peuvent être évaluées à environ 5,250 muids par heure, et 126,000 muids en vingt-quatre heures; ce qui suffira pour le service des fontaines publiques, et même pour les multiplier partout où elles seront jugées nécessaires.

PRIX

DES différens ouvrages du canal de l'Ourcq, publiés et affichés en 1807 et 1808, d'après les soumissions présentées à la Préfecture de Paris, par les divers Entrepreneurs des travaux du Gouvernement.

OUVRAGES EN MAÇONNERIE.

	fr	c.
ACHAT et transport sur les chantiers, d'un mètre cube de pierre de roche	56	70
Fourniture d'un mètre cube de chaux vive	70	76
Fourniture et transport d'un mètre cube de sable	4	45
Fourniture d'un mètre cube de ciment fin	41	50
Extinction d'un mètre cube de chaux vive	4	50
Façon d'un mètre cube de mortier { de chaux et sable	2	20
Façon d'un mètre cube de mortier { de chaux et ciment	2	50
Taille d'un mètre superficiel de pierre de roche	9	»
Pose d'un mètre superficiel de pierre de roche	9	50
Façon d'un mètre cube, maçonnerie de meulière à mortier { de chaux et sable	3	75
Façon d'un mètre cube, maçonnerie de meulière à mortier { de chaux et ciment	3	75
Ragrément et rejointoiement d'un metre superficiel de pierre de taille	1	50
Idem meulière	1	10

OUVRAGES DE TERRASSEMENS.

	fr	c.
Pour les fouilles et charge d'un metre cube de terrassement	»	30
Terre végétale	»	40
Terre légère et sabloneuse	»	50
Tuf marneux	»	54
Pierre tendre	»	80
Pierre dure	1	20

(1) M. Gauthey, inspecteur-général et commissaire pour l'examen des plans de ce même canal, a fait sur cet objet diverses observations, aussi utiles qu'intéressantes, et qui sont consignées dans le premier volume du Recueil Polytechnique, en 1804.

Pour le jet d'un metre cube de terre, à un metre de hauteur verticale. .	» 05
Régalage	» 04
Dressement des talus des fossés	» 06
Dressement des talus, y compris les sillons pour l'ensemencement . .	» 38
Achat des graines	» 06
Batage après l'encemencement	» 04
Transport d'un metre cube de chaque espèce de matériaux, à vingt metres de distance, pour un relais	» 15

OUVRAGES D'ARTS, EN PERRÉS.

Pour achat, extraction, transport, emmétrage, déchet et main-d'œuvre d'un metre cube de perrés en moëlon ou caillou	16 »
Pour extraction, achat, transport, emmétrage, choix, frais d'outils, et pose d'un metre superficiel de perrés	8 »

MORTIER DE CHAUX ET SABLE.

Pour achat, extraction, transport de meulière ou caillou des carrières de Romainville ou Montreuil, emmétrage, déchet, façon ou main-d'œuvre d'un metre cube de maçonnerie à mortier de chaux et sable . . .	25 60

MORTIER DE CHAUX ET CIMENT.

Pour achat et frais de carrière, transport de meulière ou caillou de Romainville, Montreuil et Charenton, emmétrage, déchet, façon et main-d'œuvre d'un metre cube de maçonnerie, à mortier de chaux et ciment ordinaire	36 90
Pour le rejointoiement en ciment fin, bien lissé, d'un metre superficiel .	2 50
Façon d'un metre cube, maçonnerie de meulière à mortier { de chaux et sable.	3 75
Façon d'un metre cube, maçonnerie de meulière à mortier { de chaux et ciment	3 75
Ragrément et rejointoiement d'un metre superficiel de pierre de taille. .	1 50
Idem de meulière	1 10

OUVRAGES DE CHARPENTE.

Achat, façon et pose d'un metre cube de bois de charpente, pour grillage	90 »
Metre superficiel de bois, pour plate-forme.	9 »
Fourniture, façon et pose d'un metre cube de bois de charpente, pour poutres, traverses, seuils et entretoises	155 »
Fourniture, façon et pose d'un metre superficiel de planches de madrier de bois de chêne, de six centimetres d'épaisseur	14 »
Fourniture, façon et pose d'un metre superficiel de doublage en bois blanc	9 10
Prix d'un metre superficiel de peinture à l'huile, à trois couches successives.	1 50
Achat et façon, pose, ajustage et chantier d'un kilogramme de fer forgé en boulon, clous à *T*.	2 50
Achat à Chaillot d'un kilogramme de fonte pour quart de cercle . . .	1 25
Transport et pose au chantier.	» 50
Achat d'un kilogramme de cuivre pour paliers, transport et pose . . .	4 80

Un kilogramme de fonte, pour coussinet, transport et pose au chantier . 1 »
Un kilogramme de fonte, pour contre-poids, transport au chantier et mise en place . . . . » 20
Pour chaque metre superficiel de peinture noire, à deux couches, sur les fers et fonte . . . . 2 »

Les soumissions à fournir seront rédigées sur papier timbré, et renfermées sous une enveloppe portant pour inscription : *Constructions de ponts à bascules, Canal de l'Ourcq.*

Fait à Paris, le premier juin 1808.

Le conseiller d'état, préfet du département de la Seine,

Signé, FROCHOT.

Par le conseiller d'état,

L'auditeur au conseil d'état, secrétaire-général de la préfecture,

F. HÉLY.

CANAUX

DE l'Essone, de l'Orge, de la Juine, de la Bièvre et de l'Yvette, à Paris, ou *Précis des projets présentés à ce sujet par M. GAUTHEY, Inspecteur général des Ponts et Chaussées, et premier vice-président de cette Administration.*

J'AI déjà fait remarquer, dit M. Gauthey, que la rivière de l'Ourcq ne pouvait donner de l'eau, que dans la partie septentrionale de Paris, et que, pour en donner en aussi grande quantité dans la partie méridionale, il fallait la faire venir en partie de l'Essone, de la Juine, et joindre, en passant, l'Orge, l'Yvetre et la Bièvre.

Le nivellement de l'Yvette, et celui de l'Essone et de la Juine, font voir sur la carte, à peu de chose près, les endroits par où passera la rigole : en lui donnant six pouces de pente par cent toises, et par conséquent qu'il faudra prendre la rivière d'Essone à 28 pieds au-dessus du fond de l'aqueduc d'Arcueil, qui est à 108 pieds au-dessus de l'étiage; c'est la hauteur où se trouve l'Essone, à 1,200 toises au-dessus de Malesherbes, où l'on ferait la prise d'eau de ce canal, qui est pour le moins aussi éloignée de sa source que la prise d'eau dans l'Ourcq l'est de la Seine, et fournira probablement autant d'eau.

Les eaux de l'Orge et de l'Yvette, que l'on recevra dans ce canal, sont plus considérables que celles de la Thérouenne et de la Beuvronne, que l'on reçoit dans celui de l'Ourcq.

M. Perronet qui a fait un projet très-détaillé pour conduire l'Yvette à Paris, avait cherché à rendre le trajet le plus court possible, et, à cet effet, il avait projeté plusieurs souterrains, dont un de 800 toises, outre un grand aqueduc de 500 toises, au moyen de quoi il avait donné à l'eau quinze pouces de pente, par 1,000 toises; mais, en suivant, depuis Palaiseau, les coteaux de Longjumeau, Juvisy, Choisy et Vitry, on allonge effectivement le canal de 4,000 toises sur 8,000, et néanmoins on peut arriver au même point, entre Orsay et Gif, parce que la rigole, quoique plus longue que la rivière d'Yvette, a beaucoup moins de pente; mais ce détour évite tout aqueduc et tout souterrain, et par conséquent diminue considérablement la dépense; et la pente moyenne de six pouces pour mille toises, à donner au canal, est suffisante, puisqu'elle excède celle qu'on a donnée à la dérivation de la rivière de Lew, pour la ville de Londres, et celle des rigoles des canaux d'Orléans et de Briare : cette pente de six pouces par 1,000 toises étant continuée le long des coteaux, on prendra les rivières d'Orge et de Reinarde, à-peu-près à leur jonction, et la Juine, près d'Etampes.

Élargissement de l'aqueduc d'Arcueil.

Il ne sera pas nécessaire d'élever de douze pieds l'aqueduc d'Arcueil, comme faisait M. Perronet, puisqu'en faisant passer l'eau sur cet aqueduc à la hauteur actuelle, on arrivera à 108 pieds au-dessus de l'étiage, auprès de la barrière de Villejuif; c'est-à-dire, près de 30 pieds plus haut que la barrière Saint-Martin. Cet aqueduc peut être élargi de quatre pieds de chaque côté, en formant des arcades qui lui seraient adossées et portées sur ses piliers; qui seront seulement augmentés depuis la naissance des arcades actuelles. Le canal aurait alors douze pieds de largeur, et serait contenu par deux murs en pierre de taille. Il serait ensuite continué jusqu'au bâtiment de la barrière Saint-Jacques, où l'on fera couler le superflu, tout le long du dehors des boulevards, jusqu'à la rivière, passant le long du Champ-de-Mars, pour y former quantité d'usines qui deviendront très-utiles.

Quelque vaste que soient ces deux projets, il ne faut pas croire que la dépense en soit extrême; on faisait monter celle du canal de l'Yvette à 7,826,200 liv. et l'on proposait seulement de conduire environ 2,000 pouces d'eau. Il n'est pas douteux que si l'on calculait la dépense des deux projets proposés, en proportion de la quantité d'eau qu'ils fourniront, on ne pourrait qu'en être effrayé; mais, par le projet de M. Perronet, on faisait un canal entièrement revêtu de murs; on faisait plusieurs canaux souterrains, un grand aqueduc et une augmentation considérable à l'aqueduc d'Arcueil, ce qui grossissait énormément la dépense. Ces ouvrages n'avaient cependant pour objet que de donner une grande pente, ce qui est peu utile; peut-être aussi voulait-on faire de grands ouvrages qui pussent en imposer par leur magnificence, mais qui n'ajoutaient rien, ni à la quantité d'eau qu'on voulait fournir, ni même à sa salubrité.

J'avais, dans le tems, donné à M. de Caumartin, prévôt des marchands, un moyen de conduire à Paris, pour une somme très-modique, évaluée au taux actuel des ouvrages, à 475,500 liv. le tiers de la quantité d'eau que M. Perronet fournissait pour près de huit millions, et tout le secret ne consistait qu'à amener la Bièvre seule par un autre chemin, beaucoup moins dispendieux que celui qu'avait pris M. Perronet, qui lui faisait traverser deux vallons sur deux aqueducs très considérables, tandis que je lui faisais seulement suivre le coteau opposé, en contournant les vallons, sans en traverser aucun; de sorte qu'il n'était question que d'une simple rigole, comme on le fait pour les canaux de navigation.

M. Defer, à qui je communiquai ce projet, chercha à le mettre à exécution; il obtint des lettres-patentes; en 1787, il forma une compagnie, et commença l'ouvrage, qui ne fut arrêté que par une querelle et des intérêts particuliers.

Je n'ai pas compris la Bièvre dans la dérivation des eaux de l'Essone, de l'Orge, de l'Yvette; mais, comme on peut la conduire plus haut que l'eau qui passe sur l'aqueduc d'Arcueil, il est possible de la réserver pour conduire l'eau à l'Estrapade, qui est l'endroit le plus élevé de Paris, et former cette dérivation séparée, qui ne serait pas un objet d'augmentation considérable. Au reste, l'un et l'autre de ces deux projets principaux peuvent se faire par partie, en amenant, d'une part, l'eau de la Beuvronne, et de l'autre, celle de l'Yvette; ensuite celles de la Thérouenne et de l'Orge, et, enfin, celles de l'Ourcq, et de l'Essone.

Quoique le projet de l'Ourcq ne soit pas encore tracé entièrement, cependant les nivellemens et les plans sont assez exacts pour en faire une estimation qui s'éloignera peu de la vérité. Le canal de l'Essone, l'Orge et l'Yvette, ne peut être traité avec la même précision, parce qu'il faudra peut-être former quelques tranchées ou quelques levées pour faire passer la rigole; mais, comme on a cherché à allonger cette rigole dans le fond des vallons, il y a apparence que ces tranchées ou levées ne seront pas considérables.

Je donne ici le résumé estimatif de ces trois canaux, y compris le dixième pour les entrepreneurs, et le vingtième pour la conduite.

Canal de dérivation de l'Ourcq, de la Thérouenne et de la Beuvronne.

Les déblais, remblais et corrois.	1,182,271
La grande tranchée et les perrés	1,306,250
Quarante-trois ponts, grands et petits	160,885
Le canal des moulins, dans le jardin, jusqu'à l'Arsenal	69,000
L'indemnité des maisons et moulins	210,000
	2,928,406

Canal de dérivation de l'Yvette, l'Orge, la Juine et l'Essone.

Les déblais, corrois et tranchées	1,726,150
Cinquante-cinq ponts, grands et petits	232,300
Le canal des moulins, hors des murs	48,875
Les indemnités des maisons et moulins.	240,000
	2,247,325

Canal de dérivation de la Bièvre.

Les déblais, corrois, etc.	106,950
La maçonnerie des ponts et aqueducs	94,976
Les réservoirs	103,530
Les indemnités des réservoirs du canal et des moulins	176,500
	481,956
La totalité des trois canaux.	5,657,687

Canal de l'Ourcq, en diminuant la tranchée de dix pieds.

Les déblais, remblais et corrois.	1,028,062
La grande tranchée réduite, les perrés et l'écluse.	528,248
Quarante-trois ponts, grands et petits.	160,885
Le canal des moulins en décharge.	69,000
L'indemnité des maisons et moulins	110,000
	2,229,682
Différence des deux projets de tranchées	698,724

CONCLUSIONS

De M. Gauthey, sur le canal de l'Ourcq et l'Yvette.

Je conclus, 1.° à ce que le canal de dérivation de l'Ourcq puisse conduire à Paris, auprès de la barrière Saint-Martin, en tout tems, une quantité d'eau au moins égale à celle que cette rivière fournit en été, et que ce canal puisse porter les bateaux qui passent actuellement sur la rivière d'Ourcq.

2.° Que l'on établisse le point d'arrivée à 77 pieds métriques au-dessus des plus basses eaux de la Seine, prises au pont de la Tournelle, et le point de départ au-dessus de la retenue de Croui, et que l'assemblée des ponts et chaussées prononce s'il est préférable de suivre une pente uniforme dans toute la longueur du canal, de cinq pouces par cent toises, à une pente moindre avant la tranchée, et plus forte après.

3.° Que l'assemblée décide s'il ne serait pas plus avantageux de faire le canal suffisamment large pour donner le passage à deux bateaux, que de ne lui donner que la largeur nécessaire pour le passage d'un seul.

4.° Que l'on établisse un port, en forme de bassin, vis-à-vis la rotonde Saint-Martin, et un canal large au-delà, avec des plates-formes, pour y déposer les bois que l'on transportera sur le canal.

5.° Que la décharge des eaux du réservoir forme à l'entour de Paris un cours d'eau, pour y former différens établissemens d'usines et manufactures.

6.° Que l'on fasse faire les plans, nivellemens et jauges du canal à faire, pour procurer à la partie méridionale de Paris, les mêmes avantages que l'Ourcq procurera à la partie septentrionale, en faisant venir au-dessus du faubourg Saint-Jacques, les eaux de l'Essone, de la Juine, de l'Orge, l'Yvette, par un canal pareil à celui de l'Ourcq, et celle de la Bièvre, par un canal séparé.

Lu au comité des ponts et chaussées, en frimaire an 11.

Signé, GAUTHEY.

CANAUX

DU TERREIN A L'ARQUES, ET DE L'OISE A LA SAMBRE,

Pour établir une navigation directe de la Hollande à l'Océan, par Paris, la Seine, l'Eure, le Loir et la Loire.

Si un projet de canal doit mériter l'attention du Gouvernement français, en raison de l'exécution de celui de l'Ourcq, c'est celui de rendre la rivière du Terrein navigable; elle passe à Beauvais, et tombe dans l'Oise, au-dessous de Creil; on pourrait faire joindre ce canal à Dieppe-sur-mer.

La rivière du Terrein, qui se jette dans l'Oise, dit M. Lalande, pourrait être rendue navigable depuis Beauvais jusqu'à Creil-sur-Oise, sur une longueur de 25 milles, en y faisant vingt écluses. L'eau n'y manque jamais, et cette navigation serait utile, sur-tout pour le transport des farines. Il en coûte 300,000 liv. par an, à ne compter que 3 liv. par sac de 150 pesant; il n'en coûterait pas le tiers par la rivière, et le profit des entrepreneurs pourrait être de 200,000 livres sur ce seul article. En 1752, M. Lamotte, capitaine retiré aux Invalides, et M. de la Mollière, s'étaient associés pour cette entreprise : la dépense de ces ouvrages a été évaluée à 800,000 liv. M. de Bonnel, M. Lemoine, ex-législateur, ancien maire de Dieppe, ainsi que plusieurs autres personnes, s'en sont également occupés.

La rivière du *Terrein* est fort peu éloignée de celle d'*Arques*, qui va tomber à Dieppe; et le commerce continuel de Paris à Dieppe a fait désirer depuis longtems de joindre ces deux rivières à l'Oise, qui vient se jeter dans la Seine. Il en fut question vers 1720. Le père Lelong cite quelques ouvrages manuscrits à ce sujet. (*Biblioth. histor. n.o 929*). Ces canaux pourraient tous communiquer à celui de l'Eure et Loir, projeté.

La jonction de l'Oise à la Sambre pourrait également se faire par un canal d'environ 25 milles, entre Guise et Landrecy, qui établirait un commerce utile entre les Pays Bas et l'intérieur de l'Empire. Il passerait par des fonds et des marais qui ont très-peu de pente, et l'on aurait peu de travail à faire; on n'a estimé que 1,400,000 livres toutes les dépenses de ce canal : il joindrait le canal qu'on a fait depuis quelques années, entre Charleroy et Bruxelles, d'où l'on va jusqu'en Hollande.

L'exécution de ce projet est d'autant plus intéressante, à présent, qu'il communiquerait à celui de l'Escaut et Saint-Quentin, que S. M. fait terminer; de même qu'à celui du *Terrein* et de l'*Arques*, avec celui de l'Eure et Loir, projeté, dont l'ensemble établirait une navigation directe de Nantes en Hollande, à Paris, Dieppe et Rouen, par Angers, la Flèche, Vendôme, Bonneval, Chartres, Passy, sur l'Eure, et le Pont-de l'Arche, sur Seine, en remontant la rivière de l'Epte, par Gisors, Gournay et Neufchâtel.

Carte Géographique du Canal de l'Ourcq,
depuis Mareuil et Lisy jusqu'à Paris.

Commencé en 1676 par M. de Manse. Continué par le même avec M. Riquet en 1677. Suspendu par la mort de ses deux premiers Auteurs et du Gr. Colbert. Arrêt du Conseil du Roi, rendu en 1787 au profit de Sébastien Jub, pour l'ouverture de ce même Canal, qui n'a point eu d'exécution. Décret de l'Assemblée Constituante, en 1790, pour le même objet, aussi sans exécution. Loi du Corps Législatif, en l'An 10, qui ordonne la reprise des travaux qui s'exécutent maintenant, sous la direction des Ingénieurs des Ponts et Chaussées, suivant divers arrêtés des Consuls : et Continué sous Napoléon Ier.

Réduite et Gravée d'après le Dessin de M. B. A. H. Artiste en cette partie, An 11 de la République Française,
dont l'explication est plus amplement détaillée au 1er Vol. du Recueil Polytechnique.

Echelle de 20000 Mètres. *Echelle de 10000 Toises.*

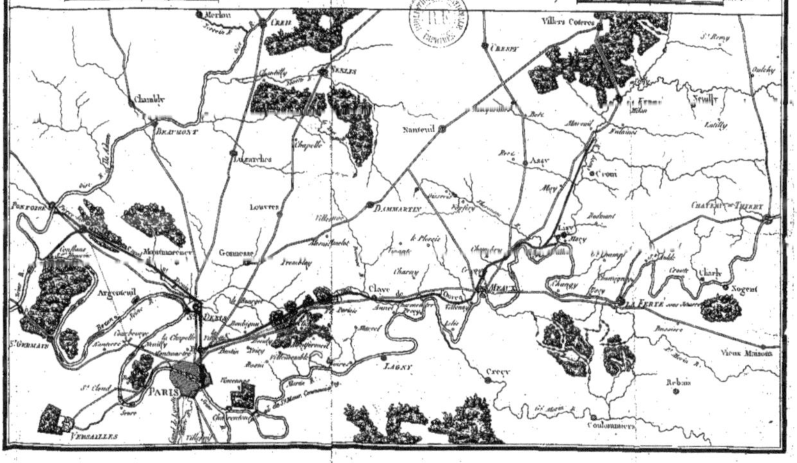

PLAN ET DESCRIPTION DE LA SCIE MÉCANIQUE,

OU

MACHINE pour Recéper et Couper les Pieux ou Arbres, au fond de l'eau, sans batardeau ni épuisement.

Nouveau procédé employé avec succès aux travaux du Pont des Arts, à Paris, et autres endroits ci-après désignés, d'après Messieurs PERRONET, *premier Ingénieur de France,* VOGLIO *et* CESSARD, *ses collaborateurs.*

LES travaux hydrauliques sont ceux de l'architecture, les plus difficiles, et ceux où il se rencontre ordinairement les plus grands obstacles dans leur exécution.

Une Machine, ou Scie mécanique, a été conçue pour cet objet.

Suivant les divers rapports, Monsieur *Habecly*, *ingénieur* suisse, à Londres, chercha à découvrir, en 1738, ce nouveau procédé pour la construction du pont Wesminster sur la *Tamise*, en Angleterre ; en 1756, Monsieur *André*, *ingénieur français*, fit aussi plusieurs essais en ce genre, pour l'exécution du pont de Chari, sur l'*Ain*, qui est une espèce de torrent.

En 1760, Messieurs *Perronnet*, *Voglio Cessard*, tous ingénieurs français, firent établir une scie mécanique pour couper et recéper les pieux battus au mouton, destinés à servir au pilotis du pont de Saumur, sur la Loire, par le Sieur *Langoumois*, habile serrurier mécanicien, dans cette même ville, qui, ayant parfaitement saisi l'ensemble du plan, obtint de tout, les succès qu'on avait espoir d'attendre : cet artiste est décédé pendant qu'on délibérait sur les moyens d'aviser à sa récompense.

Cette nouvelle machine fut donc employée non-seulement pour l'exécution des travaux du pont de Saumur, sur la Loire, d'après M. *Perronnet*, sous le Ministre *Trudaine*; mais encore à la construction *du mur du quai de la ville de Rouen*, sur la Seine, *à l'écluse de chasse du port de Dieppe et de celle du Tréport, aux ponts des Arts, de la Cité et d'Austerlitz*, sur la Seine, à Paris; *continué par les ingénieurs Dumoustier, Dillon, Becquet-de-Beaupré, Duvivier et Lamandé fils, au pont d'Jéna*, en face du Champ-de-Mars.

Les principaux avantages de cette machine, sont tels, que les pieux peuvent être recépés dans l'eau, à la profondeur qu'on juge nécessaire, et d'un parfait niveau, que la force de quatre hommes au plus est suffisante pour faire mouvoir la scie avec liberté, et aussi aisément qu'une scie ordinaire, et qu'enfin toutes les parties de cette machine sont assez solides pour ne point éprouver de ruptures fréquentes et préjudiciables à l'avancement des travaux.

Les objets les plus difficiles à vaincre sont, 1.° Que la tête des pieux peut être cachée sous l'eau, huit, dix ou quinze pieds plus ou moins, au moyen d'un *chasse-pieux* qui les conduit, au refus du mouton, dans le terrein solide. 2.° Que cette scie, pour opérer sûrement, doit être si bien attachée à chaque pieu pendant sa manœuvre, qu'elle n'en puisse jamais être séparée par le mouvement du sciage. 3.° Qu'il faut avoir la facilité de faire engrainer uniformément les dents de la scie, autant et si peu qu'on le jugera à propos, selon la dureté du bois ou le diamètre des pieux, et qu'il faut même la faire rétrograder après le recépage du pieu, ou lorsqu'elle rencontre des obstacles à son avancement. 4.° Qu'enfin, en cas d'accident, ou que la feuille de la scie vienne à casser, toute la machine puisse être relevée à l'effleurement de l'eau, avec facilité, pour y remédier par une scie d'échange préparée à cet effet.

Cette machine est composée d'un grand chassis de fer horisontal, cotté A, qui doit porter la scie B. Ce chassis a huit pieds de longueur, et cinq pieds six pouces de largeur; son épaisseur est d'un pouce : il est composé de traverses qui supportent solidement ses diverses parties. Sur ces traverses sont quatre plaques de tôle aux endroits marqués o, o, qui facilitent son jeu. Ce chassis est soutenu de niveau à l'apontement supérieur, par quatre montans de fer CC, partie par des crics. Au milieu et en avant du chassis A est une traverse de fer, qu'on peut nommer *pieu de garde* D, saillante d'un pouce au-delà des dents de la scie en son repos, et destinée à lui servir de défense à la rencontre des pieux qu'on voudra scier.

Dans le milieu de cette avance du chassis servant de pièce de garde; et à quatre pouces de distance l'un de l'autre, sont placés deux autres montans de fer EE, qui traversent dans ces canons de cuivre le plafond en entier, ainsi que l'assemblage supérieur de charpente indiquée par les lettres aa, *figure* 3. Ces montans EE ont un collet avec une base qui porte sur le chassis A, près la pièce de garde, et leur extrémité inférieure est carrée, pour recevoir par assemblage deux espèces de demi-cercles FF, ou grappins de dix pouces de longueur, fixés solidement à leurs bouts par des écrous. Le haut est ajusté également comme le bas, pour recevoir deux clefs de quatre pieds de longueur bb, fig. 3, *que nous nous proposons de faire graver*, qui, en faisant tourner les deux montans EE sur leur axe, facilitent d'ouvrir et fermer les grappins F, pour saisir le pieu G qu'on veut scier, avec une force proportionnée à la longueur des deux clefs du haut bb, que l'on serre par une vis de rappel pendant le sciage.

A douze pieds au-dessus du chassis A, fig. 1, 2 et 3, est un assemblage de charpente, fig. *aa*, sur lequel doit se faire la manœuvre de la scie, et auquel il est suspendu par quatre montans de fer C, qui ont jusqu'à dix-huit pieds de hauteur, portant chacun un petit cric F dans le haut, pour l'élever ou l'abaisser suivant le besoin, lesquels montans ont des dents dans leur longueur, qui sont divisées de manière que chacune peut relever ou baisser la scie d'une demi-ligne.

Ce chassis de charpente A, de la machine, est porté sur des cylindre CC, qui roulent sur un autre grand chassis 3, traversant toute la largeur de la pile, d'un côté à l'autre du grand échafaud d'enceinte *gg*, lequel chassis 3 est soutenu lui-même sur les rouleaux CC, pour le faire avancer à mesure qu'on veut scier les pieux.

Manière dont on opère la machine à recéper les pieux.

On doit distinguer dans cette machine, dit M. Patte, deux mouvemens principaux, indiqués par la lettre L, cotés au plan; le premier, que nous appelons *latéral*, est celui du sciage; le second, qui se porte en avant à mesure que le bois se coupe, et peut néanmoins revenir sur lui-même, est celui de *chasse* et de *rappel*.

Le mouvement latéral s'exécute par deux leviers de fer, cotés HH, un peu coudés sur leur longueur, soutenant à l'une des deux extrémités I, un demi-cercle de fer recourbé K, auquel est adaptée, par retour d'équerre, la scie horisontale *B*, qui est fixée avec des vis, pour pouvoir la changer. Les points d'appui de ce levier sont deux pivots *LL*, reliés par une double entre-toise, et distans l'un de l'autre de vingt pouces, lesquels ont leurs extrémités inférieures concentrées dans une rainure *M*, ou coulisse, qui facilite le mouvement de chasse et de rappel;

ainsi que nous l'expliquerons ci-après. Ils sont soutenus au-dessus du chassis de fer, par une base *N*, fig. 2, de deux pouces de hauteur, et déchargés à leur extrémité, par quatre rouleaux de cuivre o,o,o,o, portant sur autant de plaques.

Ces léviers HH sont mus dessus l'échafaud supérieur *aa*, par quatre hommes hh, appliqués à des bras de force II, attachés à des léviers inclinés k, dont le bas est arrêté sur le chassis de fer A, et au milieu desquels est fixée la base d'un triangle équilatéral P, dont le sommet est aussi fixé au milieu d'une traverse horisontale Q.

Cette traverse Q, qui embrasse les extrémités des bras de léviers de la scie, s'embrasse dans une coulisse de fer R, entaillée dans le chassis A, où, portant sur des rouleaux, elle va et vient, et procure ainsi à la scie le mouvement latéral ponctué S,S. Au moyen des ouvertures ovales T, pratiquées à l'autre extrémité desdits bras de lévier qui leur permettent de s'alonger et de se raccourcir alternativement, suivant leur distance du centre de mouvement L; ces ouvertures ovales T, embrassent des pivots VV, fixés sur le demi-cercle KK de la scie, et portent dans le haut, au milieu de plusieurs rondeurs de cuivre intermédiaires, les extrémités du second demi-cercle X, inhérent par des renvois Y, et des tourrillons roulans Z,Z,Z, placés au milieu d'une grande coulisse *l, l,* qui reçoit le mouvement de chasse et de rappel.

Le second mouvement consiste dans l'effet d'un grand cric horisontal m,m, placé à peu près aux deux tiers du plateau dont les deux branches sont solidement attachées sur les coulisses M.M, dont il a été question plus haut: c'est par le moyen des deux branches de ce cric qui s'engrainent dans deux roues dentelées *n* et *o*, que la scie B, lors de son mouvement latéral S,S, conserve son parallelisme avec la coulisse *l,l*, presse, par un mouvement lent et uniforme, le pieu G, à mesure qu'elle le scie, et retient dans sa place par un mouvement contraire, lorsqu'elle l'a scié. Tout le mouvement de ce cric *m,m*, s'opère de dessus l'échafaud supérieur, par un levier horisontal P, fig. 3, qui s'emboîte carrément dans l'extrémité d'un arbre q,q, placé au centre de la roue o, de communité du cric qui est véritablement le *régulateur* de toute la machine. Pour empêcher le *maître-ouvrier qui tient le régulateur, de se tromper*, il y a sur l'échafaud supérieur *a,a*, un cercle w semblabe à celui qui parcourt le bout du *régulateur* pendant l'opération du sciage de chaque pièce. Le rapport entre le cric et le cercle est tel, qu'un tour entier de *régulateur* non-seulement correspond à un tour entier du cercle, mais encore est capable d'opérer le sciage d'un pieu de 18 pouces de grosseur, qui est la plus considérable qu'on ait coutume d'employer.

Nous avons oublié de dire que lors du mouvement de chasse et de rappel, le bout de la coulisse F qui est soutenu par une petite saillie, se meut dans une rainure pratiquée le long du corps t,t, à l'aide d'un tourrillon 3.

Relativement à la description de cette machine, il est aisé de concevoir comment on scie les pieux; la principale difficulté de sa manœuvre consiste à descendre à la même profondeur, sur les pieux, pour les couper bien de niveau l'un après l'autre. Le succès de cette opération dépend de la précision du nivellement de l'échafaud dont nous avons parlé ci-devant, attendu que la machine ne pouvant se raccourcir ni s'alonger par rapport aux montans *CC*, armés de petits crics f,f, qui l'assujétissent au plancher *a*, auquel elle est adaptée, elle suivra nécessairement dans le bas un plan parallèle à celui d'en haut.

Ainsi donc pour faire usage de cette scie, on prépare un échafaud mobile *aa*, destiné à porter la machine bien de niveau dans toute l'étendue de la pile. Cela posé, lorsqu'on veut scier le premier pieu, on descend le chassis de fer *A*, qui porte la scie *B*, à la profondeur que l'on juge convenable ; on fait avancer l'échafaud mobile jusqu'à ce que la pièce de garde *D*, où le devant du chassis *A* rencontre le pieu en question ; alors on saisit ce pieu par les grappins *FF*, à l'aide des deux bras *b*,*b*, au-dessus de l'échafaud, et on le serre par la vis de rappel. Ensuite le maître-ouvrier prend la conduite du régulateur *q* du grand cric *mm*, et fait avancer la scie qui était retirée sous la pièce de garde ; et enfin quatre ouvriers *h* la font jouer. Pendant toute cette opération, le maître-ouvrier gouverne le cric de manière à faire avancer la scie convenablement, afin que ses dents mordant à proportion, en parcourant le cercle w dans le tour, comme il a été dit ci-devant, doit opérer le sciage entier d'un pieu : il juge de dessus l'échafaud, de l'action de la scie, par l'endroit du cercle où il se trouve ; il apprécie s'il est à moitié du sciage ou à la fin, et en conséquence il modère ou accélère le mouvement des ouvriers.

Lorsqu'un pieu est scié, on desserre les deux bras du grappin, puis le maître-ouvrier, par un mouvement de rappel, retire la scie sous la pièce de garde, et enfin on fait rouler la machine vers un autre pieu, pour opérer également son sciage.

Comme on s'est apperçu que le balancement du sciage faisait vaciller les grappins autour des pieux, sur-tout lorsqu'on voulait les recéper à une grande profondeur, pour y remédier on fit des vanages composés de voliges ou planches légères, unies l'une à lautre avec de grosses ficelles : ces vanages furent attachés à droite et à gauche de la machine, suivant sa longueur, dans toute la hauteur des montans c,c, avec des cordes &, &, et représentent leur disposition. Voulait-on relever le chassis de fer ? on déliait à mesure les cordes des extrémités de ces voliges attachées aux dents des montans ; alors ces planches se reployaient successivement. Voulait-on, au contraire, redescendre le chassis ? on rattachait l'une après l'autre ces voliges au montant, jusqu'en haut : ce moyen a parfaitement réussi pour empêcher l'effet du balancement.

On a éprouvé au pont de Saumur, que cette scie pouvait scier vingt pieux de fondations en un jour, par rapport aux suggestions de niveau, et quarante d'enveloppe, qui n'exigent aucune suggestion pour le niveau : le sciage de chaque pieu s'opérait ordinairement en *trois minutes*, et la différence du niveau du plus haut au plus bas des pieux sciés, n'a jamais été de *trois lignes* : elle manœuvrait avec une telle précision, qu'on a repris après coup des pilots coupés à quatre lignes trop haut, et la scie enlevait facilement cette cale de quatre lignes d'épaisseur (1).

Huit hommes suffisent pour tout le jeu de cette machine : quatre font le service des échafauds, et les quatre autres font, sans peine, mouvoir la scie, les pieux ayant depuis deux jusqu'à quinze pouces de diamètre. Les ouvriers faisaient communément un pouce de sciage par minute ; mais on a observé qu'en travaillant avec un peu plus de vîtesse, ils doublaient sans peine le travail, et que la scition des pieux en était plus égale, plus belle, et moins sujette à se gauchir, parce que, par un mouvement lent, la moindre inégalité dans le bois, ou le plus petit dérangement dans les manœuvres peuvent occasionner un faux engrainement qui ne saurait être surmonté que par une vîtesse uniforme. Aussitôt que tous les pieux de la pile son sciés de nouveau, on enlève la scie, ainsi que les chassis de charpente pour y introduire un caisson, dans lequel on construit la pile en pierre de taille jusqu'à la naissance des arches ; et quand le mortier à acquis une consistance suffisante, on démonte les bords du caisson, disposé de manière à servir à la construction d'une nouvelle, et on voit la pile, qui se trouve, par ce procédé, bâtie dans l'eau, sans batardeau ni épuisement.

FIN.

Plan et Élévation de la Scie mécanique qui a servi à recéper les pieux au fond de l'eau sans batardeaux pour les Pilotis du Pont de Saumur sur la Loire, et ceux des Arts, de la Cité et du jardin des Plantes sur la Seine, d'après les procédés de MM. Voglie, Perronet et de Cessart célèbres Ingén.rs en 1777, 1802 et 1805.

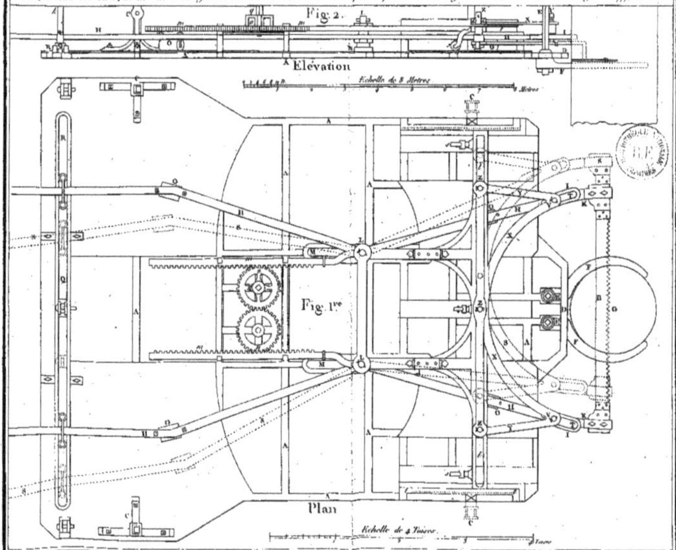

M. B. A. H...... Arch. Géomètre 1806. — *Déposé à la Bibliothèque Impériale.* — *Gravé par E. Collin.*

PLAN ET DESCRIPTION
DU PONT DE LA CITÉ,

CONSTRUIT à Paris, sous le règne de NAPOLÉON I.er

SUIVI

Des détails des nouveaux procédés employés aux travaux nécessaires à sa construction, et de ceux des ARTS, d'AUSTERLITZ ainsi que d'JÉNA, faits sur la rivière de Seine, sans batardeau ni épuisement.

DANS une ville aussi grande que Paris, et traversée par un fleuve qui y forme plusieurs îles, il faut, pour le débouché de son commerce, augmenter le nombre des places publiques, des rues, des ponts, pour l'exploitation de toutes les denrées et marchandises qui y abondent de toutes parts. Le Gouvernement en a senti la nécessité, en faisant chaque jour des embellissemens de ce genre dans toutes les principales villes de la France, et sur-tout dans la Capitale, en y apportant la plus grande activité.

Le PONT DE LA CITÉ remplace le ci-devant PONT-ROUGE (1). Il est maintenant construit sur la Seine, vis-à-vis l'église Notre-Dame, et la grande rue ci-devant Saint-Louis, en l'île, nommé, a la révolution 1789, de LA FRATERNITÉ. Plus de cent maisons ont été démolies et supprimées, tant dans le cloître, que le long de la rivière, du côté du nord, dans la *Cité*, dit le *Port S.t-Landry*, vis-à-vis l'Hôtel de Ville, où on a formé, d'une part, la place *Fénélon*, et de l'autre, le quai de *Napoléon*, qui communique maintenant de l'île S.t-Louis au pont de Notre-Dame, par la Cité, nouvellement construit.

La construction de ce pont est absolument neuve et hardie, et d'un genre délicat; il sera beaucoup plus utile et plus commode que l'ancien, les voitures y passent, au lieu que l'autre n'était que pour les gens de pied.

Le nouveau pont de la Cité a été construit suivant les plans et dessins, de M.r Ganthey Inspecteur général des ponts et chaussées. La conduite des travaux a été confiée à M. Duvivier, Ingénieur ordinaire, sous la direction de M. Demoustier, ingénieur en chef, ayant en sous-ordre MM. Lescure et Delsaux, élèves du même corps. C'est le S.r Ginoux, maître charpentier, qui a été l'entrepreneur de la charpente, qui fait l'admiration du public.

Tableau pour renvoi des lettres et chiffres figurés au Plan.

A Indique le niveau des plus basses eaux, qu'on appelle rivière marchande.

B. Ouverture des arches et coupe du pont, ayant chacune 31 mètres, (97 pieds) et 1 mètre 95 centimètres de flèches.

(1.) Qui existait avant, au même endroit, environ 20 toises ou 40 mètres au-delà, du côté du mur, presque à l'alignement du quai Bourbon, et aboutissait à celui de la rue d'Enfer, en la Cité, vis-à-vis la place de Grève. Ce pont fut construit, pour la première fois, en 1710: quelques années après, il fut emporté par les eaux, et fut rétabli en 1718, époque à laquelle fut accordé un droit de péage pour 15 ans, à son entrepreneur. En 1790, les officiers municipaux de la commune de Paris le firent démolir. Depuis, plusieurs plans et projets ont été présentés pour sa construction, et entr'autres un, par le S.r Migneron, qui a mérité l'attention de la commune de Paris.

C. Culées et leurs murs au bout du pont, ainsi que la rampe des talus des vieux murs.

Ils sont assis sur des pieux formant pilotis, qui en assurent la solidité. Ces murs sont de pierres de taille. On a fait des arrachemens dans les gros murs, indiqués par la lettre C, pour recevoir la queue des pierres destinées aux culées; on a démoli en entier la partie de mur du quai qui se trouvait vis-à-vis les deux bouts du pont, et on a reconstruit ces mêmes parties à neuf, avec un empattement et une épaisseur d'une force supérieure à celle qui existait, ce qui en garantit la solidité.

D. Vue de l'une des arches faite en bois de charpente et bandes de fer boulonnées, avant qu'elle n'eût été revue ou couverte de ses palplanches.

Cette vue présente la construction des bois et la force de leur assemblage, au moyen des boulons équerrés et plates-bandes, ainsi que la pose des ferremens, qui sont principalement à chaque montant, appuis et barres de traverse, semblables aux parties indiquées par les lettres K. J. I.

K. Principale pièces de bois de charpente.

Et toutes celles indiquées semblables sont revêtues de plate-bandes en fer, en dedans comme en dehors, depuis le haut jusqu'en bas, à travers lesquelles passent des boulons, d'une extrémité à l'autre, de la largeur du pont, garnis de leurs écroux.

I. Pièces *idem*, et toute celles semblables sont également revêtues de plates-bandes et tirans garnis de leurs écroux dans toute leur hauteur et largeur, sauf quelque différence et ferremens qui sont inférieurs à ceux ci-dessus.

L et E. Vue de l'autre arche du côté de la Cité, telle qu'on la voit maintenant en sa perfection, garnie de ses pal-planches, dont les unes sont posées en forme de chevaux indiqués par E, et les autres horisontalement, qui sont indiqués par E pour recouvrir et conserver les bois du pont, de même qu'à la première.

G. Indique le Bureau du Receveur du droit de passe.

H. Indique la masse des pieux formant le pilotis sur lequel est construit la pile du milieu, en pierres de taille. Le volume de ces pieux se trouve entouré d'un massif de pierres meulières qui en forment la solidité. Avant que de les employer, on a commencé à gratter avec des espèces de dragues à crochets le fond de la rivière, et au moyen d'une autre drague à cuiller, on a retiré, de l'intérieur des pieux et au pourtour, autant de sable et de gravier qu'on a pu en extraire, pour faire place aux matériaux destinés à leur être substiués, qu'on a jetés à pierres perdues, et dont la quantité est montée à près de 200 tombereaux de pierres meulières qui y ont été employées avec un mortier composé de la manière détaillée ci-après.

La première assise de cette pile, se trouve au plus profond de la rivière, et est exposée à la rapidité du courant des eaux. La solidité en est assurée par la masse de pieux d'environ 8 mètres, ou 24 pieds 7 pouces de longueur, et dont la plupart sont entrés dans le gravier jusqu'à 6 mètres, ou 18 pieds et demi.

La pile de ce pont, ainsi que celles du pont des *Arts*, *d'Yena* et *d'Austerlitz*, ont été construites dans des Caissons faits en bois de charpente, et de bateaux solidement ferrés et boulonnés avec écroux, ayant des bords perpendiculaires, suffisamment élevés pour dominer au-dessus de toutes les eaux.

Ces caissons étant finis, ils furent conduits à l'emplacement reconnu pour les piles du pont projetté, où on les fit échoir bien de niveau en les chargeant de maçonnerie, c'est-à-dire, qu'on bâtit les piles en pierres de taille, dans ces mêmes caissons, jusqu'à la naissance des arches, et quand le mortier eut acquis suffisamment de la consistance, on démonta les bords du caisson, qui se détachèrent facilement du fond, pour être employés à la construction d'un nouveau caisson pour d'autres piles, comme ayant été disposé à cet effet, ce qui a produit un tiers d'économie des dépenses.

Cependant des Ingénieurs Architectes prétendent que cette méthode ne peut être pratiquée que sur des terreins fermes, observant que le pont de Londres, sur la Tamise, bâti en ce genre, a fléchi au point que deux arches se sont écroulées, et qu'il a fallu rétablir après coup.

Le mortier qui lie la maçonnerie du massif de ces mêmes ponts, est composé de deux tiers de chaux vive, recouverte de sable de rivière : la préparation s'est faite en arrosant le sable jusqu'à ce que la pierre de chaux fut entièrement dissoute. Alors on remua fortement et vivement les matières pour les employer sur-le-champ; mais comme la profondeur de l'eau y mettait un obstacle, étant obligé de descendre de 12 à 15 pieds au-dessous de la surface, l'Ingénieur fit construire de grands caissons suspendus à une machine en forme de tour, et après les avoir remplis de la matière préparée, on les descendait avec un cordage jusqu'en bas, où étant parvenus, on les vuidait en tirant une ficelle attachée à un loquet à ressort; le fond des caissons s'ouvrait, et la matière se trouvait placée au fond de l'eau avec des pilons, et quand le massif de mortier eut atteint la hauteur qu'on s'était proposée, on recépa les pieux sous l'eau avec une scie mécanique très-ingénieuse, dont il sera parlé ci-après. On a ensuite construit un chassis en grillage, garni de ses ferremens, monté sur chantier, qu'on lança à l'eau d'une seule pièce. On le chargea jusqu'à ce qu'il s'enfonçât sur la tête des pieux qui forment le pilotis, pour leur servir de couronnement. L'union de ce grillage avec les pieux, rend inébranlable la fondation de la pile, et lui donne de la solidité.

Coupe au-dessus du pont.

1. Le dessus des arches est recouvert de lames de cuivre, mais avant de les poser, on l'a revêtu de morceaux de bois refouillés au-dessous selon l'épaisseur des tirans et coupes en-dessus, suivant le ceintre des arches. Cette précaution a été jugée nécessaire pour garantir le cuivre et le fer, et les empêcher de se détruire mutuellement.

La longueur du pont est de 70 mètres, ou 36 toises, et sa plus grande largeur de 10 mètres 22 centimètres, ou 31 pieds 6 pouces.

Les principaux montans en bois du parapet sont revêtus en dedans comme en dehors, de plates-bandes en fer, semblables à celles indiquées par les lettres K, J, I.

Dessus des trottoirs.

2. Depuis la mort de M.r Demoustier, Ingénieur en chef, on avait commencé la construction de ces trottoirs en moëlons de meulières, sur un massif de gravier qui avait été rapporté sur ce pont; on avait aussi posé à sec un rang de briques à plat, disposé à former une arcade dessous; mais cette masse ayant formé une surcharge, a occasionné quelques abaissemens, qui ont fait suspendre et même supprimer cette partie de maçonnerie, mais dont l'évènement n'est point aussi considérable que quelques journaux l'ont annoncé; d'ailleurs, chacun doit savoir que le vide qui se trouve entre l'extrados d'un pont en bois, et le dessus du plancher, occasionne un bourdonnement quand les voitures passent dessus; pour éviter ce bruit, on avait imaginé de remplir le dessus dudit pont avec du gravier, ainsi que d'autres matériaux non moins lourds; mais on n'avait point calculé la force des bois, ou la pesanteur des matériaux qu'on a déposés sur le pont au milieu des voûtes et flancs du ceintre, qui ont paru faire quelqu'effet; et lorsqu'on s'est

apperçu que les ceintres des voûtes fatiguaient, on a retiré les matériaux qui étaient sur le pont, et d'après plusieurs repaires que les ouvriers avaient faits, pendant que la plus forte charge y était, ils ont vu que chaque chose rentrait à sa place; il n'y a eu pour tout accident qu'un des boulons du dessous qui a cassé aux raz de l'écrou, qu'on a séparé depuis, quoi qu'on ait avancé que la chose était impossible.

Enfin, pour suppléer au remplissage que l'on avait d'abord projeté, on a réparé cet événement en établissant une nouvelle charpente sur le sol du dessus du pont, qu'on a recouverte d'un plancher sur lequel on a fait la forme de sable pour recevoir le pavé et les bordures en pierre, des trottoirs couverts en dalles pour les gens de pied, et sous lequel est pratiquée une galerie servant à donner la facilité de circuler autour de chaque arche, pour examiner les objets qui auraient besoin de réparations. Un droit de péage a été accordé pour indemnité, aux entrepreneurs, de 5 cent. ou 1 s. par personne, 5 s. par carrosse à deux chevaux, 3 s. pour un cabriolet à un cheval, et même prix par charriot ou voiture de roulier, ordinaire, pendant vingt-cinq ans.

Le dessus et le dessous du pont sont enduits d'une espèce de goudron ; les arches sont recouvertes en dessus, dans toute leur longueur et largeur, de feuilles de cuivre rouge, attachées avec des cloux de cuivre fondu.

Les plinthes et les parapets sont également revêtus de cuivre pour leur conservation. Le tout est arrangé de manière que tous ceux qui passent sur ce pont le croyent bâti en pierre.

3. Indique les avant-becs de la pile près desquels sont pratiquées deux portes qui communiquent d'une galerie à l'autre, c'est-à-dire, dans l'intérieur de la charpente qui renferme le massif des arches.

4. Murs des parapets des quais adjoints.

5. Murs projetés du côté de la Cité.

6. Plan par terre des bureaux du pont.

7. Ce chiffre indique l'espace du talus du mur du quai, depuis le niveau ordinaire des eaux, jusqu'à la hauteur du sol.

F I N.

Plan et Elévation du Pont de la Cité

Construit sur la Seine à Paris sous la Direction du Citoyen Demoustier *Ingénieur en Chef*
pendant les Campagnes de l'An X, et de l'An XI.
dont l'explication pour les renvois des Lettres se trouve au 1.er Vol. du Recueil Polytechnique.

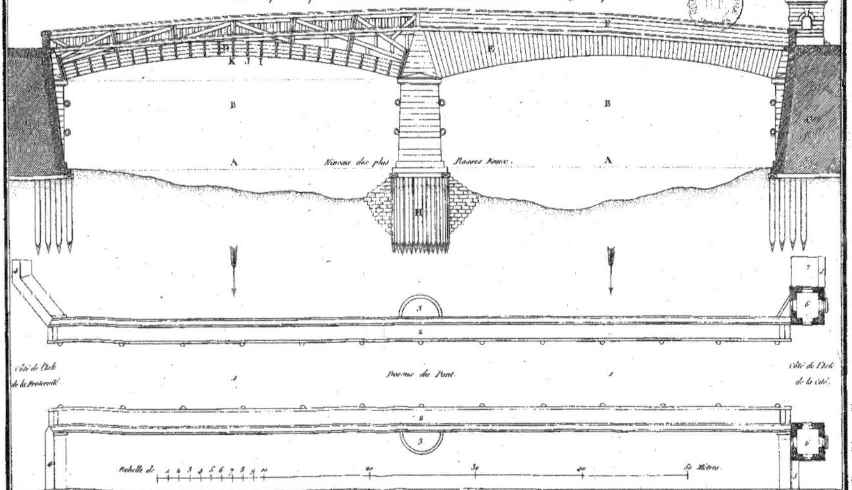

BOIS ET FORÊTS.

***Observations** sur leur utilité, leur produit, leurs avantages et leur amélioration, adressées à l'Éditeur, par M. Schmitz, Agent forestier du département de la Roër.*

Quoique les forêts du département de la Roër aient bien souffert par la guerre, elles ont cependant été maintenues dans le meilleur état possible, et rapportent au Gouvernement un produit annuel considérable; elles lui offrent un trésor inépuisable, par les améliorations et les ventes modérées faites actuellement, lesquelles ne pouvaient avoir lieu pendant la guerre, et fournissent au grand nombre de fabriques, aux forges à fer, aux fabriques de cuivre, aux plomberies et aux mines, le bois et le charbon suffisant; et aux habitants, le bois de construction et de chauffage nécessaire. Elles entretiennent, de plus, dans le département, 6 à 700 moulins et maisons qu'exigent les nombreuses fabriques : le seul bourg de Stolbery compte plus de 150 moulins à cuivre pour les siennes.

Les forêts du département de la Roër consistent, en plus grande partie, en bois taillis mêlé de futaie, essence de chêne et de hêtre. On trouve aussi dans différents districts, principalement dans les arrondissements de Crevelt et de Clèves, de belles forêts de sapins, qui ont beaucoup souffert par l'ouragan du 18 brumaire an 9 : des districts entiers d'un sol sabloneux en ont été renversés.

Il existe également, dans l'arrondissement d'Aix-la-Chapelle, sur-tout dans le district de Vassemberg, de belles sapinières, semées, depuis environ 40 ans, dans des bruyères sâbloneuses, et qui ont eu le meilleur succès. Dans les mêmes environs, et sur les frontières de la Hollande, on trouve une grande bruyère inculte, nommée *la Mynweg*, contenant environ 8,000 hectares. Il serait à souhaiter que, dans cette contrée, où le bois est extraordinairement rare, le Gouvernement fît, à ses frais, ensemencer de sapins cette bruyère, qui, dans la suite, pourrait rapporter à l'État un produit annuel considérable.

Les principales forêts, dans cet arrondissement, sont celles de Montjoie, Heimbach et de la Wehrmeisterey, qui contiennent plus de 34,000 hectares, et sont peuplées de hêtres et d'un peu moins de chênes; elles sont montagneuses, et, par leur situation, fort exposées au froid et aux vents perçants et impétueux. Si, dans ces forêts, les coupes ne se font pas avec toute la précaution possible, pour que le côté du nord-ouest, de même que celui du nord-est, demeurent couverts, elles sont exposées à leur ruine, et tout le recrû est perdu, attendu que, par l'impétuosité du vent, les feuilles sont poussées dans les valées, à la hauteur de quatre ou cinq pieds, où elles étouffent tout le jeune recrû, privent le bois des montagnes de son aliment et de l'abri qui le protège contre le vent de nord-est; de sorte que, dans sa première crue, il devient gris, se couvre de mousse, et se rabougrit entièrement.

Les autres forêts de l'arrondissement d'Aix-la-Chapelle de même que celles de l'arrondissement de Cologne, sont, en général, situées sous un climat tempéré, et n'ont point de hautes montagnes; elles ont un bon crû, et consistent là plupart et boqueteaux, sur-tout dans le cantonnement du Bruhl, dont différents forestiers ont, sous leur surveillance, depuis 30 jusqu'à 70 ou 80 morceaux, qui ne forment pas seulement un triage de 133 à 166 hectares, mais qui sont plus pénibles à surveiller que des forêts de 200 hectares.

Quant à la plantation, je trouve nécessaire d'observer que les fosses doivent être faites au moins six mois d'avance, et avoir un mètre de largeur à la superficie, et un demi-mètre de profondeur. Voilà, Monsieur, une partie des observations d'un forestier de soixante-dix ans. Je vous prie de les accueillir. *Signé*, Schmitz.

NOTE de l'Éditeur, sur cet objet.

Convaincu par l'expérience de l'exactitude des faits énoncés ci-dessus, par M. Schmitz, nous observerons seulement qu'il serait très-urgent, pour l'intérêt général et particulier de l'Empire,

1.° De faire les fossés ou de rétablir tous ceux déjà existants, qui entourent les bois et forêts de l'État et des communes sur le territoire français, en fixant leur largeur du haut à deux mètres, et leur profondeur, à un mètre, réduit à 30 ou 25 centimètres au moins de largeur dans le fond. Il faudrait aussi améliorer le sort des Gardes, afin de les rendre plus attachés à leur service.

2.° De planter, sur la levée de ces mêmes fossés, en dedans du bois, tous plans ou semis choisis, de l'espèce que le sol désire.

3.° De faire replanter toutes les parties ou portions de terrain maintenant en friche, et en grande quantité dans ces mêmes bois et forêts, afin de les repeupler, et d'éviter leur dépérissement ainsi qu'une disette de cet objet de première nécessité, laquelle semble être inévitable, si on n'y remédie promptement.

4.° De ne nommer, à l'avenir, pour Agents forestiers, que des personnes qui ont acquis et fait preuve de connaissances dans l'agriculture, la plantation et l'exploitation des bois en général, comme le prescrit le réglement de l'Ordonnance des eaux et forêts, de 1669.

5.° Enfin, d'autoriser et ordonner, par une loi, la levée des plans géométriques de tous les terrains en friche, incultes ou en non valeur, pour, cesdits terrains, être semés ou plantés, de suite, en bois de l'espèce la plus productive qui pourrait leur mieux convenir; le tout, d'après des devis et marchés réglés par adjudication, à la diligence des Conservateurs, qui surveilleraient et feraient surveiller les adjudicataires ou entrepreneurs, et exigeraient d'eux, pendant dix ans, une garantie d'un dixième du principal de leurs marchés, qui ne leur serait payé qu'après la réception faite à cette époque, par laquelle l'accomplissement de leurs obligations serait constaté.

IVe TABLEAU SYNOPTIQUE

Des connaisseurs et amateurs des objets d'utilité publique, qui ont acquis et reçu l'ouvrage d'art mentionné ci-contre; SAVOIR :

MESSIEURS

[*Nota. Cet astérique* (*) *indique MM. les souscripteurs qui font partie de la Légion d'honneur.*]

PROPRIÉTAIRES.

Aubert du Leu, à Rennes.
Barabé, aux Sables.
Bazin-Bintinay, à Rennes.
Béconnais, à Beaufort.
Boudouet, à Rennes.
Boudeville, idem.
Boullet, idem.
Boiriau, à Chemillé.
Bouthin, à Dinan.
Bureau, à Mortagne.
Callève (F.), au Croisic.
Chaillou, à Mortagne.
Chapeau, à Dinan.
Chaumat, à Rennes.
Coppat aîné, aux Sables.
Coursonnais, à Saint-Aubin.
Créqui, électeur, à Villiers.
Davost, à Fougeres.
Decivrac, à Beaupreau.
Debeance (P), à Rennes.
Debercy, électeur, à Nantes.
Debroises aîné, à Locminé.
Delépinay (C), à Châtillon.
Degranville, à Rennes.
Desmase, à la Flèche.
Deshumelin, à Duretal.
De Lamotte Vauvert, à Renn.
De la Gilberdière, à Beaufort
De la Gézilonnais, Ch.-Gir.
Deslandes, à Chemillé.
De Kergal, à Guerrande.
De la Patrierre, à Chollet.
De la Rivière, à Guerrande.
De la Roulière, à Chollet.
Depluvié, à Hennebon.
Devillemorge, à Angers.
Drouet, de Mont-Germont.
Dubernais aîné, à Fougeres.
Dubouctier, à Hennebon.
Dubot Debohal, à Josselin.
Ducro, régiss., à Bressuire.
Duroché, à Rennes.
Durocheret, idem.
Fablé, idem.
Fautradière, à Sablé.
Fillon (B), à Moranne.
Fougneu Demoulin, à Renn.
Fournas, à Hennebon.
Gautret, à Beaupreau.
Gyonnier, à Chât.-Gonthier.
Jaris, à Angers.
Hardy aîné, à Rennes.
Kermarcé fils, idem.
Kerosenzweig, à Hennebon.
Kerne, à Guerrande.
Landais, à Angers.
Lebesshu Champ. à Fougeres
Lesueur, à Mortagne.
Mellet, à Rennes.
Morville, à idem.
Morteau, à Angers.
Paumard, à Chemillé.
Pépin de Belle-Isle, à Rennes.
Potel jeune, à Vitré.
Saint-Pern, Md, à Dinan.
Ramet, à Rennes.
Rousseau, à Chollet.
Roullin, à Rennes.
Royer, Libraire, à Vitré.
Roltier, Beaufort.
Sarzeaud, à Rennes.
Simon, régisseur, à Sablé.
Simondes, à Nantes.
Sonnier du P. B., à Rennes.
Souvay, à Josselin.
Térien, électeur, à Nantes.
Vanier, à Rennes.

CLERGÉ.

ÉNOCH *, baron de l'empire, évêque de Rennes.
Bertault, vic. général, idem.
Jarry, idem, à Vannes.
Legué, id. sup. du séminaire.
Letort, chanoine, à Rennes.
Gillier, curé, aux Essarts.
Archambault, dess. à la Rom.
Charnau, idem, à Jallais.
Letexier-Déjardin, à Oudon.
Lemaître, à St.-Ét.-du-Cor.
Lesans, curé, à Baud.
Ignace, aux Herbiers.
Poisson, à Rennes.
Reveiller, desservant, à Légé.
Guiloin, idem, à Auray.
Legouestre, à Théais.

PRÉFECTURES.

BONNAIRE *, préf. à Rennes.
Thibeaudeaux *, cons. d'état, c. de l'emp., à Marseille.
Bernard-Dutreil, législateur, sous-préf. à Châteaubriant.
Menanteau, aux Sables.
Jarry, à Ségré.
Pasquier, à la Flèche.
Ragond (Gilles), législateur, à Joigny.
Dupont, conseiller, à Rennes
Caradec, à Vannes.

MAIRES.

Ageron, aux Herbiers.
De la Bourdonnais Blossac *, baron de l'emp. à Rennes.
Bourneuil, à Clisson.
Briand, à Duretal.
Burgault, à Musillac.
Chaye, à Josselin.
Danquetil, à Beaufort.
Duclos, à Ségré.
Fillon du Pin, à Moranne.
Furgeon, à Huille.
Guérineau, à Léger.
Guibert, à la Roche-Bernard.
Lebreton, à Baux.
Lemoine de la B., à Vitré.
Lizeul, à Herbignac.
Meresse, à Guerrande.
Ranzégat, à Locminé.
Richard, à Oudon.
Riobé du Perray, à Sablé.
Thibault, à Tiffauges.

ADJOINTS DE MAIRES.

Chérouvries, à Sablé.
Georges, à la Flèche.
Guillet, à Barace.
Hervé de la P., à Ploermel.
Kermorvant, à Hennebon.
Lecomte, à Dinan.
Moisan, à Guerrande.

ADMINISTR. DES HOSPICES.

Dufretay, à Hennebon.
Loichon fils, à Vitré.

CHEFS DE BUREAUX.

Coulabin, à Rennes.
Loyau, de la pr. à Napoléon.
Aubry (Charles), à Rennes.
Soulard, à la r. g., à Angers.
Renou, à la préf. au Mans.

ACADÉMICIENS Professeurs.

Baillet, à Vannes.
Chesnel, à Fougeres.
Decoudert, à Châtillon.
Dupont, à Rennes.
Falicand, à Hennebon.
Geanno, à Vannes.
Guinebert, à la Flèche.
Henpe, économe au lycée de Napoléonville.
Lefranc, princ. du collège de Redon.
Leport, à Rennes.

Mangin, principal du collège de Baugé.
Moras, idem, aux Sables.
Polonceau, prov. du lycée, à Napoléonville.
Potet, au Mans.
Raybaud, dir. des études au prytanée de la Flèche.
Thomulze, à la Flèche.

PONTS ET CHAUSSÉES.

Boullet, ingén., à Vannes.
Boulanger, à Napoléonville.
Carbon, à Vannes.
Dessnare, à la Flèche.
Denis, au canal de Rennes.
Deranse, à Versailles.
Mégain, aux Sables.
Pioché, en chef, à Versailles.
Treiller, à Nantes.
Rousseau, cond. à Versailles.
Gosse, id. à Napoléonville.

ARCHITECTES DIRECTEURS.

Binet père, à Rennes.
Binet fils, idem.
Brunet, à Versailles.
Brunais des Bains, à Vannes.
Chardonno, à Napoléonville.
Duclos, à Versailles.
Robinet, au canal de la Rance.

CADASTRE, ET GÉOMÈTRES.

Lefévre, ing. vérif. à Rennes.
Hauducœur, idem, à Vannes.
Dreulin, géom. à idem.
Lacoste, à Bressuire.
Maillard, à Nantes.
Morel, des forêts, à Rennes.
Pasqué, dessinateur, à idem.
Terlot, à Nantes.

ENTREPRENEURS EXPERTS.

Baudin, à Baugé.
Castel, à Hennebon.
Chandoueneau, à Baugé.
Dubée, à Paimbœuf.
Leroux et comp., à Rennes.
Quevel, idem.
Goupil aîné, à Vannes.
Lequitte, au Croisic.
Lusson, à la Flèche.
Simblor, à Doué.
Périot, à Napoléon.
Ricobe aîné, à Beaufort.
Tardy, à Napoléon.
Aubineau j., charp., à Nap.
Dimas, idem, idem.
Richard, idem, à Rennes.
Loret, maître paveur, idem.
Raoul, ébéniste, au Croisic.
Bourdin, men., à la Flèche.
Gourdier, sculp. à Mayenne.
Dedet, tourneur, idem.
Poitier, md. de bois, Rennes.
Leguerau!, charron, idem.

MILITAIRES.

CANCLAUX, G*, gén. sénat.
Delaborde, G*, id. à Rennes.
Duteil, G*, id. commandant au prytanée de la Flèche.
Favereaux, O*, id. à Rennes.
Ourie, major d'artillerie.
Orbelin, colonnel.
Beaumont, ex col. à Redon.
Devalory *, lieut. à Vannes.
Boullet, O*, idem, à Ségré.
Bio'ay, idem, à Beaupreau.
Villers, comm. ord. Rennes.
Hérodin, com. des g. Nantes.
Touzard, dir. d'art. Rennes.
Doll *, officier idem.
Demierre, cap. suisse, idem.
Jari, cap. du génie, à Vannes.
Paintendre, c. d'art. Rennes.
Malhey, idem, au Croisic.
Silvy, officier d'art. à Rennes.
Thiollet, serg. d'art. idem.

MARINE.

David, recev. à Morannes.
Duplessis, ex-off. à Vitré.
Ferrari, comm. à Nantes.
Guine, cap. de fr. aux Sables.
Héry, syndic, à Redon.
Legrand, idem, à Auray.

COMMERÇANTS.

Arot fils, farb. à Rennes.
Besnard, à idem.
Bourgeois aîné, idem.
Bodin, md. à Laval.
Boulanger, à Rennes.
Bouché de Villegaudin, idem.
Caval, commiss. à Rennes.
Coheleach, à Vannes.
Delorme, à Auray.
Frogier, au Croisic.
Giraud, à Nantes.
Houdiard, commiss. Vannes.
Jaulin, à Dinan.
Lemarchand, à Auray.
Mauduit, à Musillac.
Mény, à Vannes.
Morinière, aux Herbiers.
Oller, au Croisic.
Roussel, à Rouen.
Sentout, à Angers.
Tinard, à Rennes.
. . . .

DIRECTEURS.

Bihot, des fourages, à Rennes.
Desmarquais, de la manuf. de Beaufort.
Gandon, des messag. Rennes.
Judicelli, des dr. réun. idem.
Pontalier, des contr. idem.

PAYEURS.

Jacquait, à Vannes.

RECEVEURS.

Aubert Desmarais, à Chemillé
Bancelin, des dom. à Ségré.
Bailly, aux Essarts.
Binel, des dr. r. à Fougeres.
Bouédron, à Vallet.
Bureau-Édouard, Mortagne.
Cortambert, des hy. aux Sab.
Cousin, à Pontchâteau.
Dantarnt, princ. à Montfort.
Demontrocher, dr. r. Rennes.
Defiéger, des hy. à S.-Aubin.
Denecheau, id. aux Herbiers.
Depasse, des dom. à Clisson.
Dumoutier, des dr. r. à Aurai.
Dupin, à Châteaubriant.
Duportal, des hy. à Rennes.
Durand, à Beaupreau.
Gauché, à Bécheret.
Lecrosnier, à Ségré.
Lemore, des hy. Guerrande.
Louis, de la ville, à Rennes.
Lorette, des dr. r. Beaufort.
Martin, des doua. au Croisic.
Méchin, des dom. Châteaubr.
Moderat, des douanes, Guer.
Mouton, de la ville, à Nantes.
Quinot Broiss., à Montfort.
Rapatel, des dr. Châteaugir.
Viot (J. M.) à Duretal.

PERCEPTEURS.

Bagneris, à Chollet.
Brangers, à Bressuire.
Girond, à Auray.
Lepigeond, à Hennebon.
Poulain, à Chemillé.

INSPECTEURS.

Desannois, des dou., Vannes.
Joubert, idem, à Rennes.
Génevraye, des for. à Baugé.
Quartier, idem, à Chollet.
Rousseaut, des do. Musillac.
Préciaut, des hy. à Napoléon.

CONTROLEURS.

Baschevilliers, princ. aux dr. r. à Beaupreau.
Bélot, des doua. à Nantes.
Delagenetier, des dr. r. Ségré.
Lemarchand, à Ploermel.
Lemery, princ. aux Sables.
Sceller, idem, à Baugé.
Patin, des messag. à Vannes.
Roinet, des doua. à Redon.

COURS IMPÉRIALES.

Costard, prés. à Rennes.
Thibaudeau, C*, législateur, à Poitiers.
Delaporte, cons à Rennes.
Letourneux, idem.
Fabre, doyen, à Rennes.

TRIBUNAUX DE 1.re INSTANCE.

Le président de Châteaubr.
Aubin, juge, à Bressuire.
Desgré, proc. imp. à Ségré.
Leminihy, idem, à Rennes.
Lofficial fils, juge, à Baugé.
Sigogne, ex-juge, à Ségré.
Dufresne, greffier, à Rennes.

AVOCATS ET AVOUÉS.

Audic, à Napoléonville.
Baudin père, à Rennes.
Fleuriaie, idem.
Gaudin, idem.
Gaultier, idem.
Gourdet, idem.
Jourdans, à Vannes.
Lebostmel, à Napoléonville.

Lequevel fils, à Ploermel.
Vallin, à Ségré.

JUGES DE PAIX.

Boissard, à la Motte-Achard.
Delaunais, à Herbignac.
Gourdel, à Malestroit.
Jouane, à Musillac.
Maindron, à Châtillon.
Sauvaget, à Chemillé.
Delaporte, greff. Châteaubr.

NOTAIRES.

Ballais, à Châteaubriant.
Brobant, à Ploermel.
Denis, à Hennebon.
Foux, à Châteaubriant.
Gaudin, à Duretal.
Gémouin, à Bain.
Guérineau, maire, à Légé.
Gérelais, à Longué.
Guyote, à Locminé.
Henri (S.), à Vannes.
Lemusnier, à Pellouaille.
Lelièvre, régiss. au puits du Four, près les Herbiers.
Locheteclée, à Longué.
Loyer (J. M.), Malestroit.
Nouri, à Château-Girond.
Paviote, à Clisson.
Tréogat, certif. à Redon.
Versillé, à Brissac.

DOCTEURS EN MÉDECINE.

Deslandes, à Chemillé.
Juchereau, à la Flèche.
Lemonnier, à Rennes.
Cahouet Dufourneau, idem.
Loisel, idem.
Godelier, chir. à Chollet.

PHARMACIENS.

Brunet, à Vannes.
Jouanquis, idem.
Louin jeune, à Vitré.
Pousselin, à Rennes.
Meignen, off. de s. Pontchât.

EXTRAIT

Des Lettres adressées à l'auteur de cet ouvrage, lors de la première édition; SAVOIR :

Par Son Excellence le Ministre CHAMPAGNY, *Duc de Cadore, à Paris.*

J'AI reçu, Monsieur, l'exemplaire que vous m'avez adressé, de votre nouveau Plan de Paris; je vous en remercie, et je ne doute pas que ce travail ne mérite l'attention que vous réclamez. *Signé*, CHAMPAGNY.

Par M. DEGÉRANDO, *Secrétaire-général du Ministère de l'Intérieur, et Membre de l'Institut, à Paris.*

J'AI reçu, Monsieur, l'exemplaire de votre nouveau Plan de Paris; je vous prie bien d'agréer mes remercîments les plus sincères, ainsi que l'assurance de mes sentiments distingués. *Signé*, DEGÉRANDO.

Par M. DELACROIX, *Secrétaire-général du Ministère du Grand-Juge, à Paris.*

J'AI reçu, Monsieur, l'exemplaire de votre nouveau Plan de Paris, avec les détails de ses embellissements; je vous remercie beaucoup de m'avoir fait part de cet ouvrage, qui me paraît offrir des vues intéressantes, et un plan fait avec beaucoup de netteté. *Signé*, DELACROIX.

Par M. LESAGE, *Ingénieur en chef et Inspecteur de l'École impériale des Ponts et Chaussées, à Paris.*

MONSIEUR, je vous suis obligé de l'attention que vous avez eue de m'adresser un exemplaire de votre ouvrage intitulé : Plan de Paris. Je l'ai parcouru avec plaisir, et y ai trouvé des détails intéressants, tant pour l'embellissement de cette capitale, que pour la salubrité de ses habitants. Veuillez bien agréer, Monsieur, l'assurance de mon attachement. *Signé*, LESAGE.

Par M. LETELLIER DE STAINVILLE, *Inspecteur des Domaines de la Couronne, à Versailles.*

MONSIEUR, j'ai examiné le Plan de Paris que vous avez annoncé dans les journaux, avec la plus scrupuleuse attention et le plus grand intérêt; je travaille sur votre Plan mes idées.

Je ne doute pas, Monsieur, que votre Plan ne soit un des plus exacts de tous ceux qui ont paru, et je présume que vous ne pouvez avoir conçu la quantité de projets utiles qu'il renferme, que d'après des états clairement faits, sur une échelle plus grande, et d'après des renseignements certains.

Je suis avec considération la plus distinguée, *Signé*, LETELLIER DE STAINVILLE.

COPIE du Certificat délivré à l'Auteur par le Conservateur de la Bibliothèque impériale.

JE, soussigné, Conservateur de la Bibliothèque impériale, certifie que Monsieur M.-B.-A. H*****, conformément à la loi du 19 juillet 1793, a déposé à ladite Bibliothèque deux exemplaires d'un ouvrage de sa composition, ayant pour titre : *PLAN DE PARIS, avec détails de ses nouveaux embellissements, projetés et en partie exécutés depuis le règne de NAPOLÉON I., &c., &c.* en foi de quoi j'ai délivré le présent Certificat, pour servir et valoir ce que de raison. A Paris, ce 6 janvier 1807. *Signé*, CAPPERONNIER.

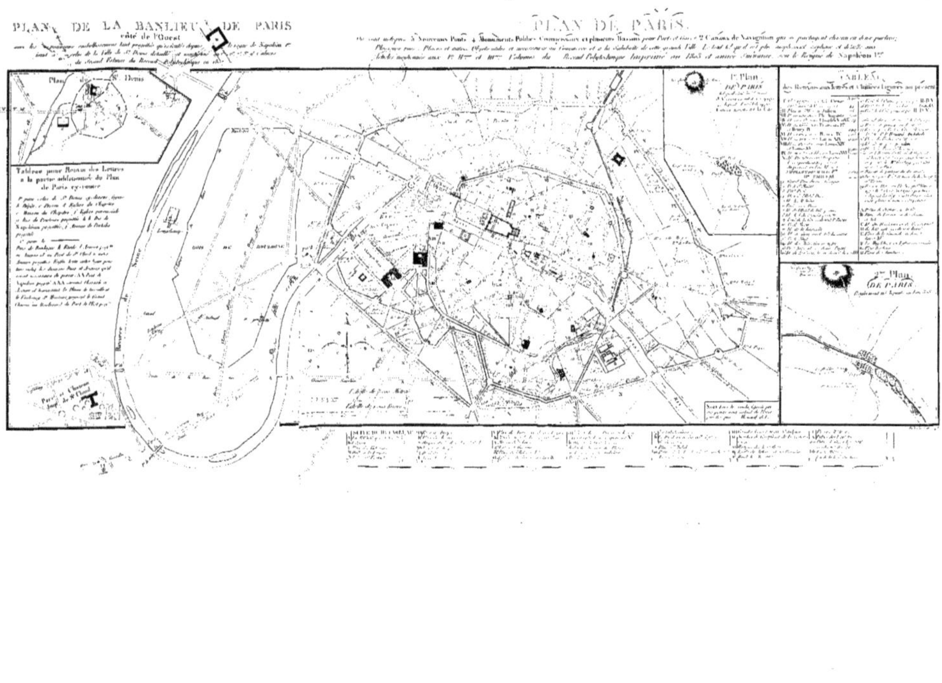
PLAN DE LA BANLIEUE DE PARIS
côté de l'Ouest
PLAN DE PARIS
Plan de S.t Denis
Tableau pour Renvois des Lettres à la partie additionnelle du Plan de Paris ci-contre
1.er Plan DE PARIS
2.me Plan DE PARIS
TABLEAU des Renvois aux Lettres et Chiffres figurés au présent

www.ingramcontent.com/pod-product-compliance
Ingram Content Group UK Ltd.
Pitfield, Milton Keynes, MK11 3LW, UK
UKHW031927260826
14628UKWH00003B/1467

9 782014 433258